わかる！元《がん》興《ごう》寺《じ》

元興寺公式ガイドブック

第2版

はじめに

元興寺の名は「仏法元興之場　聖教最初之地」に由来し、法興寺（飛鳥寺）を前身とします。つまり、わが国の仏法興隆を願った歴史、基礎仏教の初伝を誇った寺名を有しているのです。

古京飛鳥の法興寺（本元興寺）が中金堂本尊釈迦如来坐像（飛鳥大仏）であるのに対して、平城京の新元興寺は弥勒仏を金堂本尊とし、伽藍形式も規模も一新したようです。そこには、基本を重んじながらも未来志向の伝統が感じられます。

今や、伽藍の大半は「ならまち」の下に埋もれ、その確かな文物は残り少なくなりましたが、三か所の史跡（極楽坊境内・塔跡・小塔院跡）と、関連する重要文化財や町名などに往時を偲ばせるものがあります。

今日の元興寺は、平成10年（1998）にユネスコの世界文化遺産「古都奈良の文化財」の一つに登録されています。

この公式ガイドブックは、公益財団法人元興寺文化財研究所がこれまでに蓄積してきた美術史や仏教史、考古学などの調査研究成果を基に、わかりやすくまとめたものです。

多くの方々に、興味を持って、楽しくご活用下さることを願っています。

目次

※扉　舎利厨子本智光曼荼羅（P.41）

元興寺境内マップ

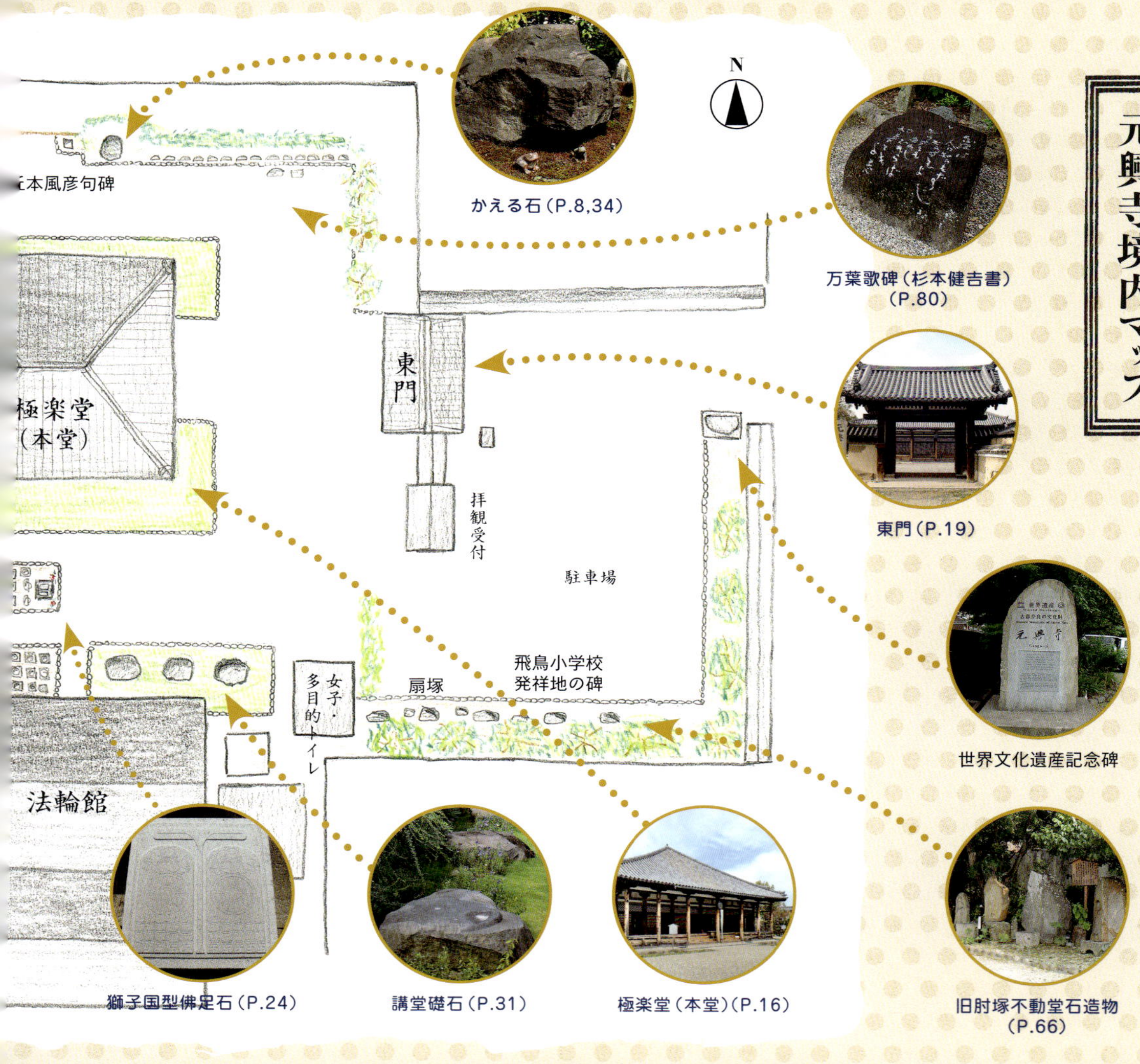

N
本風彦句碑
かえる石（P.8,34）
万葉歌碑（杉本健吉書）
（P.80）
東門
極楽堂
（本堂）
拝観受付
東門（P.19）
駐車場
世界文化遺産記念碑
飛鳥小学校
発祥地の碑
扇塚
女子・多目的トイレ
法輪館
獅子国型佛足石（P.24）
講堂礎石（P.31）
極楽堂（本堂）（P.16）
旧肘塚不動堂石造物
（P.66）

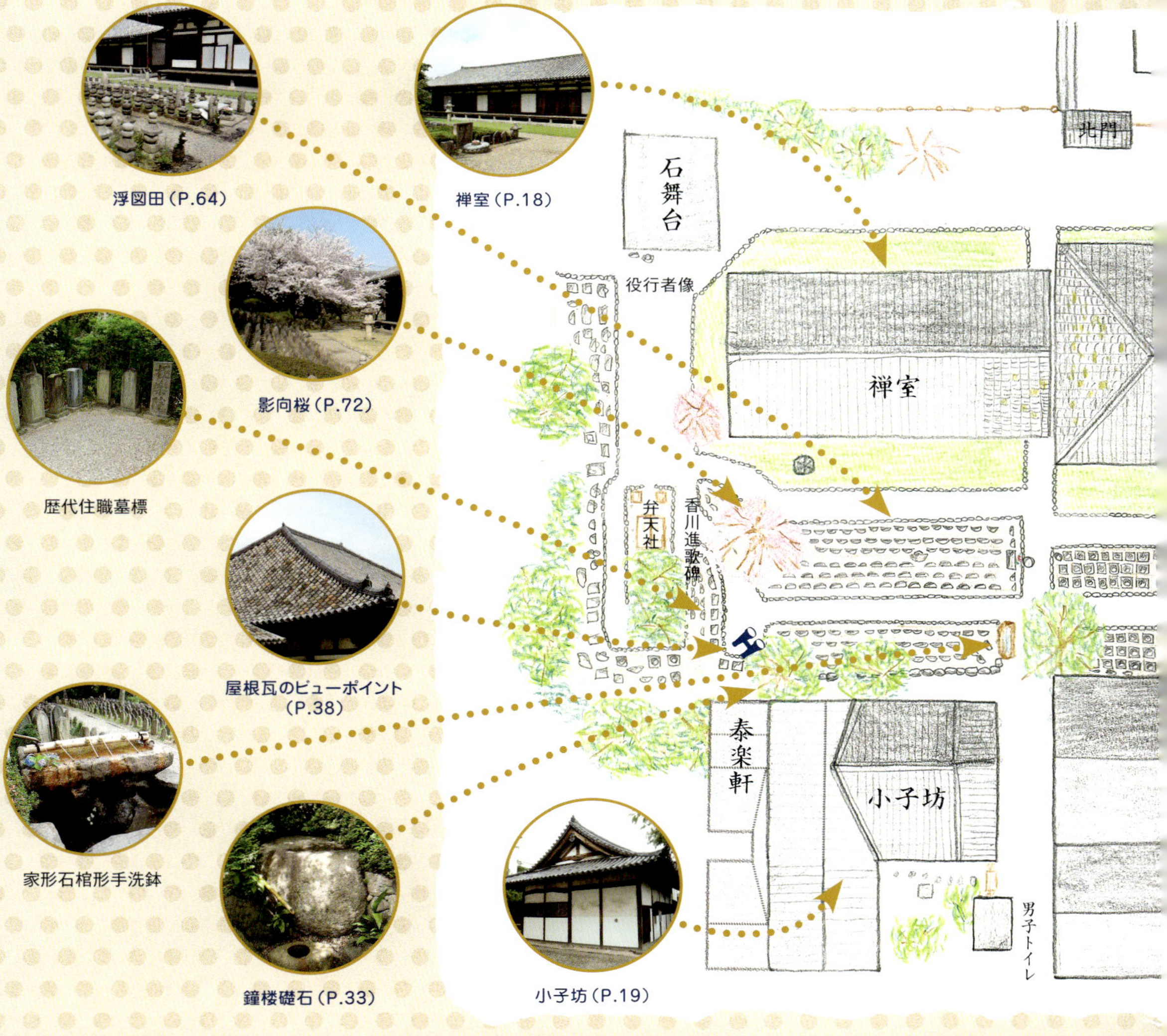

浮図田（P.64）

禅室（P.18）

影向桜（P.72）

歴代住職墓標

屋根瓦のビューポイント（P.38）

家形石棺形手洗鉢

鐘楼礎石（P.33）

小子坊（P.19）

元興寺の年中行事

修正会《しゅしょうえ》（元日）

新年の勤行《ごんぎょう》として午前0時より極楽堂（本堂）にて執り行う。

節分会《せつぶんえ》（2月3日）

節分の行事として不動明王二体（立像・坐像）を本堂に遷座して不動尊供養を行い、境内では山伏による*柴燈大護摩供《さいとうおおごまく》・火生三昧秘儀《かしょうざんまいひぎ》（火渡り行）がなされる。最後に、特設舞台から福豆まきを行う。*元興神《がごぜ》祈願の人々に元興神絵馬（鬼と干支）を授与する。

春季彼岸会《しゅんきひがんえ》（春分の日）

*本堂内陣に*軸装智光曼荼羅《じくそうちこうまんだら》を掛け、塔婆《とうば》を供養して彼岸会中日法要《ちゅうにちほうよう》を行う。

＊柴燈大護摩供　山伏（修験道の行者）が松の丸太や檜の葉などで大きな護摩壇を築き、野外で護摩供養をする。

＊元興神　P.74参照
＊極楽堂（本堂）内陣　P.16参照
＊軸装智光曼荼羅　P.40参照

節分会（火生三昧秘儀（火渡り行））

花まつり

節分会（福豆まき）

花《はな》まつり（5月8日）

お釈迦様の誕生日をお祝いし、ほとけ様を感じる日。本堂正面に花御堂《はなみどう》を飾り、*灌仏会《かんぶつえ》を行う。極楽坊保育園児の参拝があり、当日は甘茶をふるまう。

中興開山忌《ちゅうこうかいさんき》（5月27日）

泰圓大和尚《たいえんだいわじょう》・興正菩薩《こうしょうぼさつ》・智光法師《ちこうほうし》などこの寺を盛り上げられた先師を顕彰し、なお一層のご加護を祈願する。

扇供養《おうぎくよう》（5月末から6月初めの土曜日）

境内扇塚《おうぎづか》の供養を日本舞踊坂本流一門にて行い、石舞台で奉納舞踊が行われる。

＊灌仏会　釈迦の誕生を祝い誕生仏（釈迦の出生時を写した仏像）に甘茶を灌ぎ、花を供える法要。

地蔵会（万灯供養）

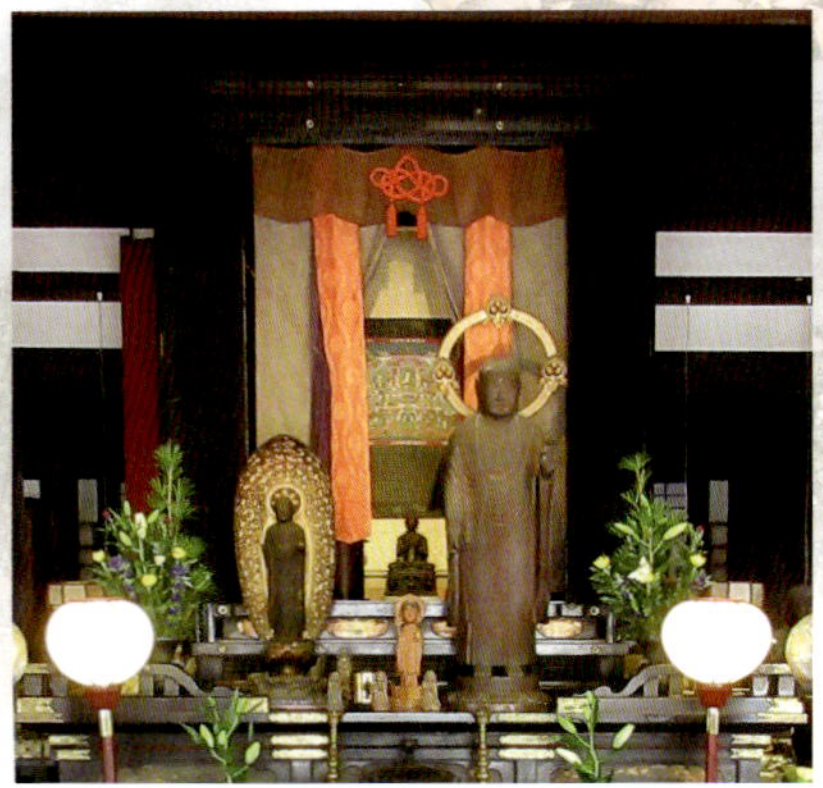

地蔵会（本堂内陣地蔵尊供養）

かえる石《いし》供《く》養《よう》（7月7日）

境内にある＊大坂城伝来のかえる石の供養として＊施餓鬼《せがき》法を行う。

肘塚《かいのづか》不動尊《ふどうそん》供養《くよう》（7月28日）

奈良肘塚町に伝来した不動明王を中心とした石仏群の総供養を行う。

地蔵会《じぞうえ》（8月23日・24日）

本堂内陣に印相地蔵《いんぞうじぞう》・鵲地蔵《かささぎじぞう》等を遷座し地蔵尊供養を行い、境内の石仏・石塔に燈明を捧げ、水塔婆供養を行う。模擬店や奉納演奏などがある。

秋季彼岸会《しゅうきひがんえ》（秋分の日）

本堂内陣に軸装智光曼荼羅を掛け、塔婆を供養して彼岸会中日法要を行う。

＊大坂城伝来のかえる石　P.34参照

＊施餓鬼法　亡者の象徴である餓鬼に、飲食を施して供養する法。

秋季特別展《しゅうきとくべつてん》（10月末から11月初め）

元興寺文化財研究所と共催し、研究成果を公開する。あわせて重要文化財板絵智光曼荼羅を特別開扉する。

幽玄忌茶会《ゆうげんきちゃかい》（10月28日）

奈良で活躍した指物師《さしものし》（木で箱や小物を作る職人）・川崎幽玄《かわさきゆうげん》（修）師の命日に当たり、師が手がけた泰楽軒《たいらくけん》にて茶会を行う。

佛足石供養《ぶっそくせきくよう》（12月8日）

境内＊佛足石《ぶっそくせき》の前にてお釈迦様を讃える供養を行う。

弁天講《べんてんこう》（毎月17日）

弁天様をお祀《まつ》りする人々が集まり、顕讃する。

不動尊護摩供養《ふどうそんごまくよう》（毎月28日）

小子坊土間に安置される北向き不動尊の前で護摩供養する。

＊佛足石　P.24参照

本堂前の萩

1

元興寺の歴史

崇峻《すしゅん》天皇元年(588)、飛鳥《あすか》の地で巨大な寺院の建設が始まろうとしていた。寺の名前は法興寺《ほうこうじ》、別名飛鳥寺、またの名を元興寺《がんごうじ》という。一基の塔に三つの金堂を備え、金銅でできた釈迦如来坐像(現在の*飛鳥大仏)、石でできた弥勒菩薩《みろくぼさつ》像、刺繍の仏画をそれぞれの金堂の本尊とした日本最初の本格的寺院であった。

やがて都は飛鳥の地から*藤原京を経て平城京へと遷《うつ》る。平安時代初期に編纂された『続日本紀《しょくにほんぎ》』には養《よう》老《ろう》2年(718)に飛鳥の地にあった法興寺を平城京に遷したという記録が見られる。

これに関しては、元興寺極楽堂(本堂)の建築材を年代測定した結果、法興寺創建に近い590年ごろに切られた木材であることが判明しているので(P.20参照)、寺の移建は間違いない。しかし、飛鳥の地にはその後も飛鳥大仏を祀《まつ》る飛鳥寺(本元興寺)が存在したので、移建に際しては金堂以外の僧坊など周辺建物を解体して移したのであろう。

こうして奈良の地に移った元興寺は、その後1300年を経た現在まで創建時の面影を残して法灯を今に伝え続けている。

元興寺極楽坊の名称

「極楽坊」の名称について、平安時代までの記録には「極楽房」、鎌倉時代から中世末までは「極楽坊」と書かれ、近世になると「極楽院」と記載されている。本書(年表除く)では「極楽坊」で統一して表記する。

＊飛鳥大仏

元興寺中金堂本尊として推古《すいこ》天皇17年(609)に造られた。鞍作止利《くらつくりのとり》が制作。火災に遭い、現在は顔と指の一部のみが当初のものとされる。

＊藤原京

持統《じとう》天皇8年(694)に完成したわが国初の本格的都城。和銅《わどう》3年(710)平城京へ遷都するまでの16年間、日本の中枢であった。

極楽堂（本堂）

飛鳥から平城京へ移転したころの元興寺は立派な建物と広大な寺域をもつ巨大寺院であった。現在、元興寺境内をはじめ＊「ならまち」各所に残る巨大な＊礎《そ》石《せき》は、往時の元興寺の雄姿を偲ばせる遺品である。また、安政《あんせい》6年（1859）に焼失した五重大塔跡には現在も立派な基壇が残り、昭和2年（1927）にはここから＊鎮壇具《ちんだんぐ》が出土している。

鎌倉時代になると、南都諸寺院の復興が盛んになり、元興寺でも寛元《かんげん》2年（1244）に、極楽坊の大規模な改造が行われたものの、伽藍の荒廃はその後も続き、室町時代の宝徳《ほうとく》3年（1451）に＊土一揆《どいっき》に巻き込まれ、とうとう金堂も焼失してしまう。そして戦国時代末から江戸時代の初めごろには境内の中に家が建てられるようになり、これが現在「ならまち」として知られる町屋街になっていった。このように現在観光地となっている「ならまち」の主要部分は古代寺院元興寺の境内にある。

さて、元興寺極楽坊は、本来僧侶の居住施設にあたる僧坊であった。この僧坊の一部が「極楽坊」として発展したわけであるが、元興寺の僧坊には＊智光曼荼羅と呼ばれる極楽浄土を描いた絵（曼荼羅）が祀られて

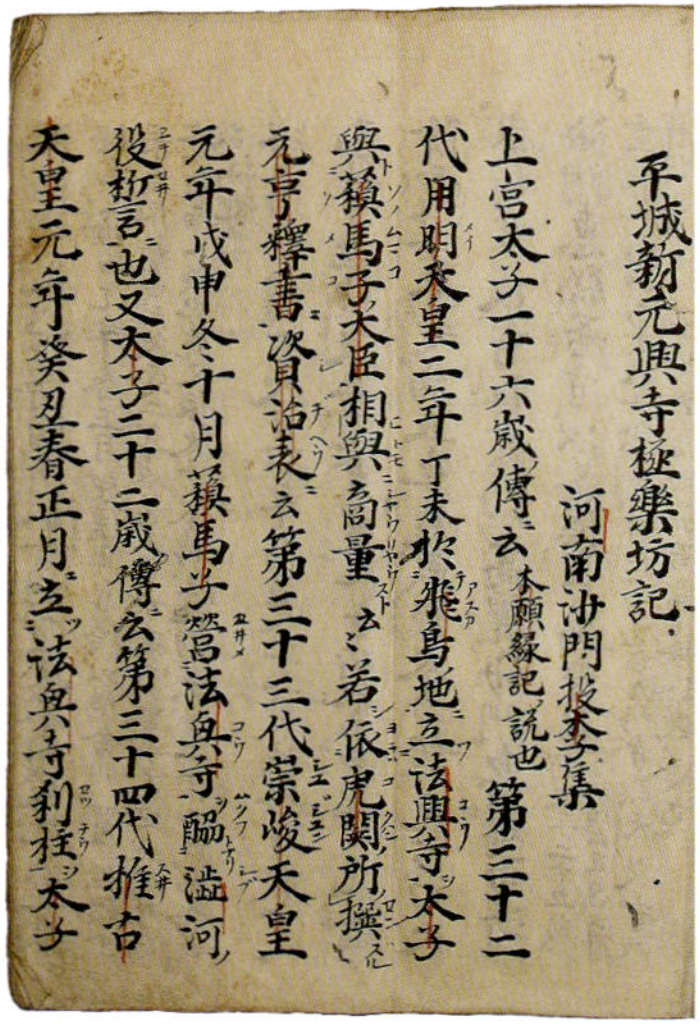
平城新元興寺極樂坊記
河南沙門抄某集
上宮太子一十六歳傳云 本願縁記説也 第三十二
代用明天皇二年丁未於飛鳥地立法興寺太子
與蘇馬子大臣相與商量云々若依虎関所撰
元亨釋書資治表云第三十三代崇峻天皇
元年戊申冬十月蘇馬子営法興寺廟謚河
役哲言也又太子二十二歳傳云第三十四代推古
天皇元年癸丑春正月立法興寺刹柱太子

『極楽坊記』〔永正《えいしょう》12年（1515）成立〕にみられる元興寺の創建記事

＊ならまち　P.68参照。

＊礎石　P.30参照。

＊鎮壇具　寺院などで建物の基礎となる土盛り（基壇）を作る際、建物の無事を祈って埋めた宝物や道具類。

＊土一揆　室町時代から戦国時代にかけて、税の免除や借金棒引きを求めて民衆が行った実力行使。

＊智光曼荼羅　P.40参照。

いた。

　平安時代以降、阿弥陀様のおられる浄土への信仰が高揚すると、浄土の世界を見ることのできるこの曼荼羅に対する信仰が盛り上がり、多くの人々がここに訪れるようになった。その結果、元興寺の堂舎が次々と衰退してゆくなかで僧坊の一部のみが「極楽坊」として発展していったのである。こうした浄土への憧れはやがて、わが国で他に例を見ない特殊な『元興寺庶民信仰資料』を生み出していった(P.58参照)。これらは一括して*重要有形民俗文化財として国の指定を受けている。それではこれから元興寺の魅力をじっくり味わっていこう。

(佐藤亜聖)

*重要有形民俗文化財
有形民俗文化財のうちとくに重要で保護が必要な資料を、国や地方公共団体が文化遺産保護制度の一環として指定したもの。

空から見たならまち

コラム

元興寺復興　解体修理の道のり

明治になると元興寺は、幕府というスポンサーを失う。さらに廃仏毀釈《はいぶつきしゃく》の嵐の中、学校や別の教団の研修所になるなど荒廃の時代を迎える。昭和18年（1943）、辻村泰圓《たいえん》（1919〜78）が宝山《ほうざん》寺《じ》から特任住職として入寺すると、すぐさま禅室の解体修理を開始し、荒れていた境内の整備に取り掛かる。しかし、時はまさに戦時中。専門家や大工だけでなく、泰圓までもが応召され戦地へ赴く。戦況悪化とともに作業は中断。戦後の混乱期には手もつけられない状況だったようで、修理再開は昭和23年（1948）を待たねばならなかった。

このような中、泰圓の活動はきわめて積極的なもので、各界、各地を

修理前の本堂

巡って寄付を募り、国に直接出向いて解体修理の費用捻出を掛け合うなど、誰もが口を揃えてその行動を絶賛した。中でも、国がなかなか修理費を準備できないことに業を煮やし、「国宝の五重小塔を売って修理費に充てる」と豪語したエピソードは有名である。

修理の再開後は工事も順調に進み、禅室に続いて極楽堂（本堂）、五重小塔、東門と整備され、小子坊《しょうしぼう》も現在の場所に移築。また、修理後の建物を火災から守るため、防災施設の整備へと着手、これに伴う発掘調査で大量の仏教民俗資料《ぶっきょうみんぞくしりょう》を発見し、現在の元興寺文化財研究所の前身となる資料調査室を発足する。あわせて五重小塔を中心とした宝物の収蔵庫（現在の法輪館）も建築され、昭和45年（1970）にはほぼ整備は完了して、いにしえの姿を取り戻した。

（狭川真一）

辻村泰圓

上・中＝修理前の禅室北面
下＝修理前の本堂外陣

2 元興寺の建築遺構

現在、元興寺にある古建築は、移建時の*僧坊《そうぼう》建築の一部が改築されて残ったもの（極楽堂・禅室）と、時代の経過とともに一つの寺院として形を整えるなかで整備された建物（東門・小子坊）とがある。

(1) 極楽堂（国宝／指定名称は「極楽坊本堂」）

曼荼羅堂《まんだらどう》とも呼ぶ。東を正面とし、*桁行《けたゆき》、梁間《はりま》ともに六間で、正面に一間の*通《とお》り庇《びさし》が付く本瓦葺きの建物。*寄棟造《よせむねづくり》で*妻入《つまいり》という珍しい建物である。寛元《かんげん》2年（1244）に東室南階大房《ひがしむろなんかいたいぼう》（僧坊）の東半分を切り離して改築し、今の姿になった。この建物の最も重要なところは、堂内中央に僧坊時代の一房がそのまま取り込まれていることである。まさにこの一房が、極楽坊と呼ばれ、*智光法師《ちこうほうし》がおられたと伝えられる房そのものであろう。改築後は、中央一間を方形に囲って内陣とし、その中央やや西寄りに須弥壇《しゅみだん》と厨子《ずし》を置く。さらにその周囲を広い外陣《げじん》が取り巻き、*念仏講《ねんぶつこう》など多くの人々が集うことを可能とした。この改築を契機として納骨の場へと発展し、極楽往生を願う多くの人々が集い、祈る場へと変化したのである。

＊僧坊
寺院内で僧侶が生活を送る居住空間およびその建物を指す。古代では、小部屋が並んだ長い建物が主流で、元興寺では講堂の北側に大きな東西棟建物が4棟あり、それぞれに小子坊という付属施設が伴っていた。

＊桁行、梁間

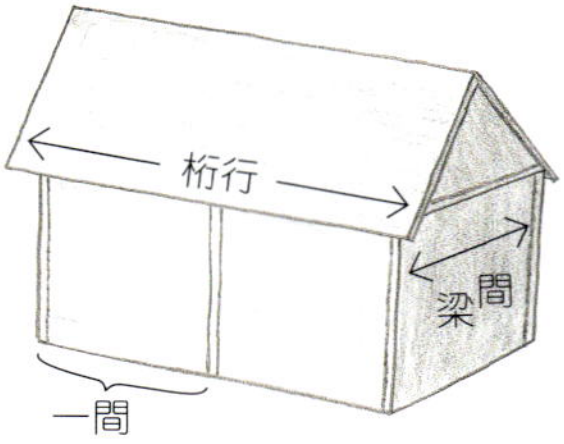

（柱と柱の間を一間と数える）

＊通り庇
建物の軒を正面の幅全長に亘って庇状に張り出したもの。

極楽堂（本堂）内陣

極楽堂（本堂）外観

なお、東南隅の鬼瓦《おにがわら》は鎌倉時代のものが使われ、内陣の柱には平安時代末期から鎌倉時代の寄進状《きしんじょう》が刻み込まれている（P.46参照）。また、床下には僧坊時代の礎石が並ぶ。

(2) 禅室（国宝）

元興寺僧坊の姿を伝える建物。旧僧坊の平面を生かし鎌倉時代に改築したものだが、細部に当時の最新様式だった*大仏様《だいぶつよう》を巧みに使用している。桁行四間、梁間四間で平屋の切妻造、本瓦葺き。屋根の一部に飛鳥時代の瓦を使って*行基葺《ぎょうきぶ》きを復原している。一房は中央に板扉が開き、左右は連子窓《れんじまど》とする。床は板敷で、室内は南・中央・北と大きく三室に区切られていたようで、北側はさらに三室に区分されていたと考えられている。南側の連子窓は大きく作られていて、昼間が明るくなるような設計であり、北側の窓は小さく、防寒を考慮したものかもしれない。

現在は、東側三房分を大きな部屋にしている

禅室外観

＊寄棟造 建築物の屋根形式の一種。大棟から四方に葺きおろす形式の屋根。大棟の両端に隅棟が寄った形になる。

＊妻入 棟に対して垂直な面、すなわち妻側の壁に入口を持つ建物のこと。これに対して棟に平行した面が入口になるのは、平入《ひらいり》という。

＊智光法師 P.40参照。

＊念仏講 念仏を唱えることで極楽往生を願った人々の集まり。

＊大仏様 天竺様ともいい、鎌倉時代の東大寺再建の折、僧重源によって宋からもたらされた建築様式。

＊行基葺き 本瓦葺きの一種で、丸瓦の上方を狭くし、下方を広く作って、狭いほうに重ねながら葺いてゆく技法。外観は円柱状にはならず、小さな段差が生じ

が、西側の一室は僧坊時代の様子を復原している。

(3) 東門（国指定重要文化財）

元興寺の正門。一間一戸の四脚門《しきゃくもん》という構造形式で、屋根は本瓦葺き。もと東大寺西南院《さいなんいん》にあったものを、応永《おうえい》年間（1394〜1428）に移築した建物。応永18年（1411）の銘をもつ瓦が使われていたことから、室町時代初期まで遡る建築と考えられている。

(4) 小子坊（奈良県指定文化財）

元興寺北室*小子坊《しょうしぼう》の後身といわれている。平面は鍵型で西寄りの八畳ほどが南へ張り出している。寛文《かんぶん》3年（1663）の*棟札《むなふだ》から、建立年がわかるが、中世以前の古い材木が使われている。現在の場所には昭和40年（1965）に移築。

（狭川真一）

上＝東門　下＝小子坊

るので、見分けやすい。飛鳥時代に日本に伝来した段階から用いられている技法で、名称の由来は不明。P.36参照。

＊小子坊
学僧の居住施設が大房であるのに対し、その従弟ほかが居住した施設。元興寺の小子坊は東室南階小子坊の一部を改造して移築したものである。

＊棟札
築造や修理の目的、その年月日や建築主・大工名などを記録し、棟木や梁など建物内部の高所に取り付けた札を指す。建築の歴史を知る上で重要な資料となる。多くは木製。

3 科学が明かす元興寺の創建年代

昭和の解体修理で現役を引退した古い部材は数百点もあり、永らく法輪館や禅室の屋根裏などに眠り続けてきたが、年輪《ねんりん》年代研究の進展は、眠れる古材を雄弁な歴史の語り部へと変化させたのである。

年輪年代法とは、年輪の成長が毎年異なることに着目し、それを計測して基準データと比較することで、年輪一本一本に＊絶対年代を与えるという研究である。建築部材の多くは、加工のために周囲を削り取られているの

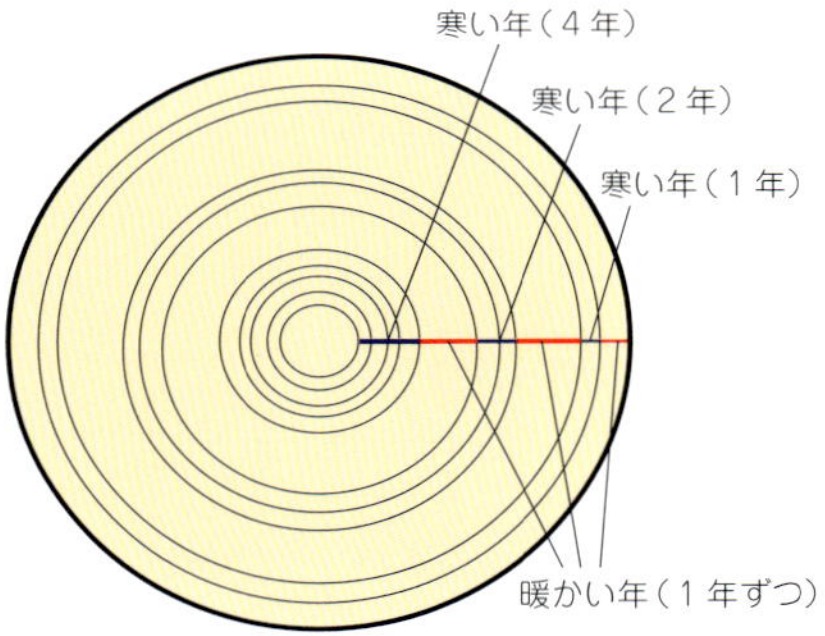

年輪は１年で１本増えるが、暖かい年は成長が早いので前の年輪との間隔が広く、寒い年は成長が遅いので狭い。年輪幅の変動パターンはその時代特有の気候変動を示している。

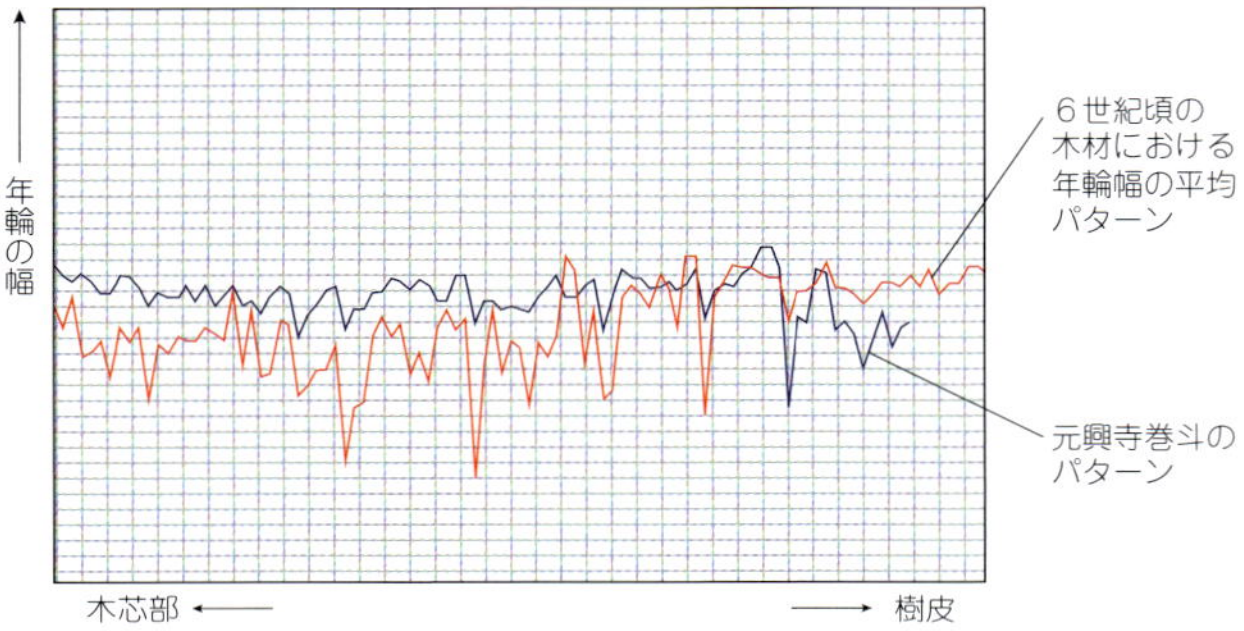

で、最も新しい年代よりも少し後の時代に切り出されたことが判明するにとどまるが、樹皮の部分が残されていた場合は伐採《ばっさい》した年代が判明する。この方法を用いて元興寺の部材を計測したところ、十数個体から具体的な年代を知ることができた。

最大の成果は、*巻斗《まきと》と呼ばれる部材の年代が、西暦588年プラス数年程度と判明したことである。樹皮の内側は白太《しらた》と呼ばれる水を通す部分が存在し、それは20年前後の年輪で構成されていることが多い。この部材は白太部分を多く残していたので、最終年輪年代より少し後に伐採されたと推定するに至った。

『日本書紀』によると、元興寺の前身である法興寺の発願が崇峻《すしゅん》天皇元年(588)、その材木を切り出し

＊絶対年代
○○世紀や△△年のように具体的な数字で示される年代をいう。数値年代ともいう。これに対して、資料の新旧を決めるだけのものを相対年代と呼んでいる。

＊巻斗
古建築の軒を支える組物の一つで、酒や米を計る斗《ます》のような形をした四角い部材のうち、一方向の横材を受けているものを呼ぶ。

巻斗　588年＋α伐採

巻斗　1097年伐採

たのが同3年（590）だという。前記の条件を踏まえると、まさにこの部材は『日本書紀』が語る590年伐採の材木だと結論付けられた。発願者・*蘇我馬子《そがのうまこ》も目にした部材だと思うと、飛鳥時代も身近に感じられる。

同じ飛鳥時代と考えられる部材は、禅室の*頭貫《かしらぬき》という部分に現役で残っている。このほか、白鳳《はくほう》時代（7世紀後半）と推定される部材も見つかった。実は法興寺は、*天武《てんむ》天皇の時代に一度大きな修理を受けていることが近年の研究で判明している。その時の部材が

現役で使用されている飛鳥時代の部材、禅室屋根裏の頭貫

＊蘇我馬子
（551?～626）

飛鳥時代の大豪族で政治家。崇仏派の有力者で、飛鳥寺を創建。推古《すいこ》天皇34年（626）に没し、墓は石舞台古墳が有力視されている。

＊頭貫
柱の上部を連結する部材。

＊天武天皇
（631?～686）

斉明天皇の子で、天智天皇（中大兄皇子）の弟。大海人皇子。壬申の乱で勝利して皇位に就き、大規模な政治改革を行うが志半ばで崩御。妻の持統天皇が遺志を引き継ぎ、律令体制の根幹が固まったとされる。国号を日本とし、天皇と称した最初の人とされる。在位は673～686年。

混じっているのだ。飛鳥・白鳳両時代の部材を発見したことは、法興寺の建物が奈良の地に実際に移築されていたことを物語っている。

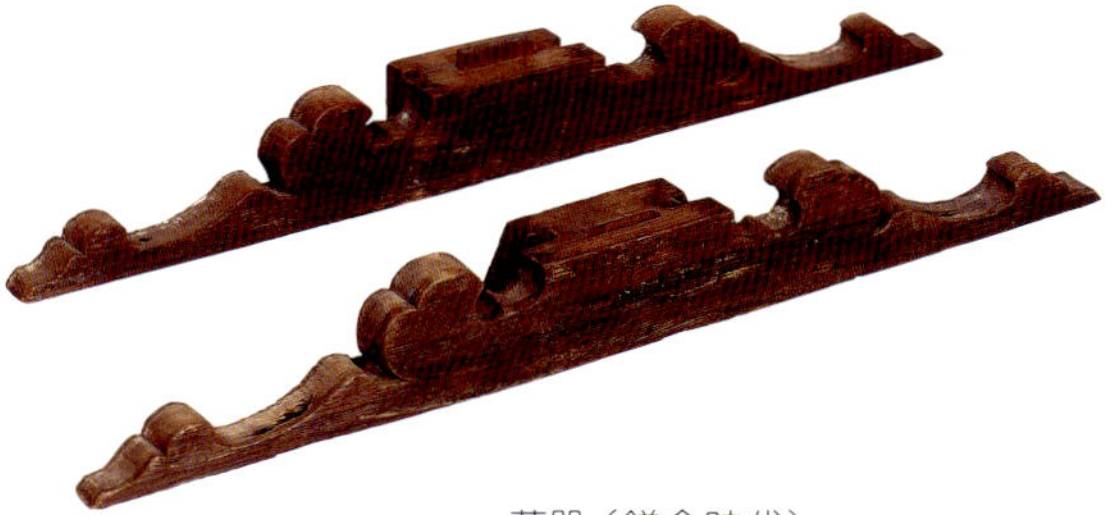

蟇股（鎌倉時代）

ほかにも、1097年に伐採したと判明した部材は、記録にない未知の修理が行われていたことを教えてくれたが、前後の時代の文献史料を検討すると、12世紀には平安貴族たちの南都寺院への巡礼《じゅんれい》が目立つ。貴族の厚い信仰心が、古いお寺の修理を促《うなが》したと考えている。さらに鎌倉時代の*蟇股《かえるまた》と呼ばれる部材は、1234年プラスαという年代が判明した。寛元《かんげん》2年（1244）に僧坊を切り離し、極楽堂へ改築したその時のものだ。この時元興寺は、庶民に支えられる*納骨霊場寺院へと、大きく舵を切ったのである。

年輪年代法だけでなく、自然科学分野の研究手法が歴史研究に応用され、寄与しているものは数多い。

これからの歴史研究は、自然科学研究とのコラボレーションにより未知の世界を切り開いてゆくことは間違いない。

（狭川真一）

＊蟇股
梁や頭貫などの上に置かれる部材で、蟇が股を踏ん張ったような形をしているのでこの名前がついた。

＊納骨霊場寺院
日本には火葬した骨の一部を墓には納めず、小さな容器などに入れて霊場へ納骨する習慣が平安時代後期以来存在する。この納骨を受け取る寺院のことをいう。高野山奥之院や善光寺などが著名。

コラム

みほとけの足形　佛足石

（獅子国型佛足石）

境内にならぶ石塔の中に、一風変わった石造物がある。平たい石になにやら模様が入った足形が刻まれている。これは佛足《ぶっそく》石《せき》というもので、古代インドにおいてまだ仏像がなかったころに、足形をもって仏の存在を示しこれを礼拝したものである。わが国の佛足石は天平勝宝《てんぴょうしょうほう》5年（753）の銘を持つ奈良市薬師寺《やくしじ》のそれが有名だが、古代・中世の日本では佛足石信仰は定着せず、現在残るものは江戸時代以降のものがほとんどである。

佛足石の起源は諸説あるが、信用できる資料からは紀元前2世紀ごろに南インドで成立したと考えられる。

境内に設置された佛足石は、仏教本来の信仰形態への回帰と、当寺中興《ちゅうこう》泰圓《たいえん》大和尚《だいわじょう》以来のスリランカとの交

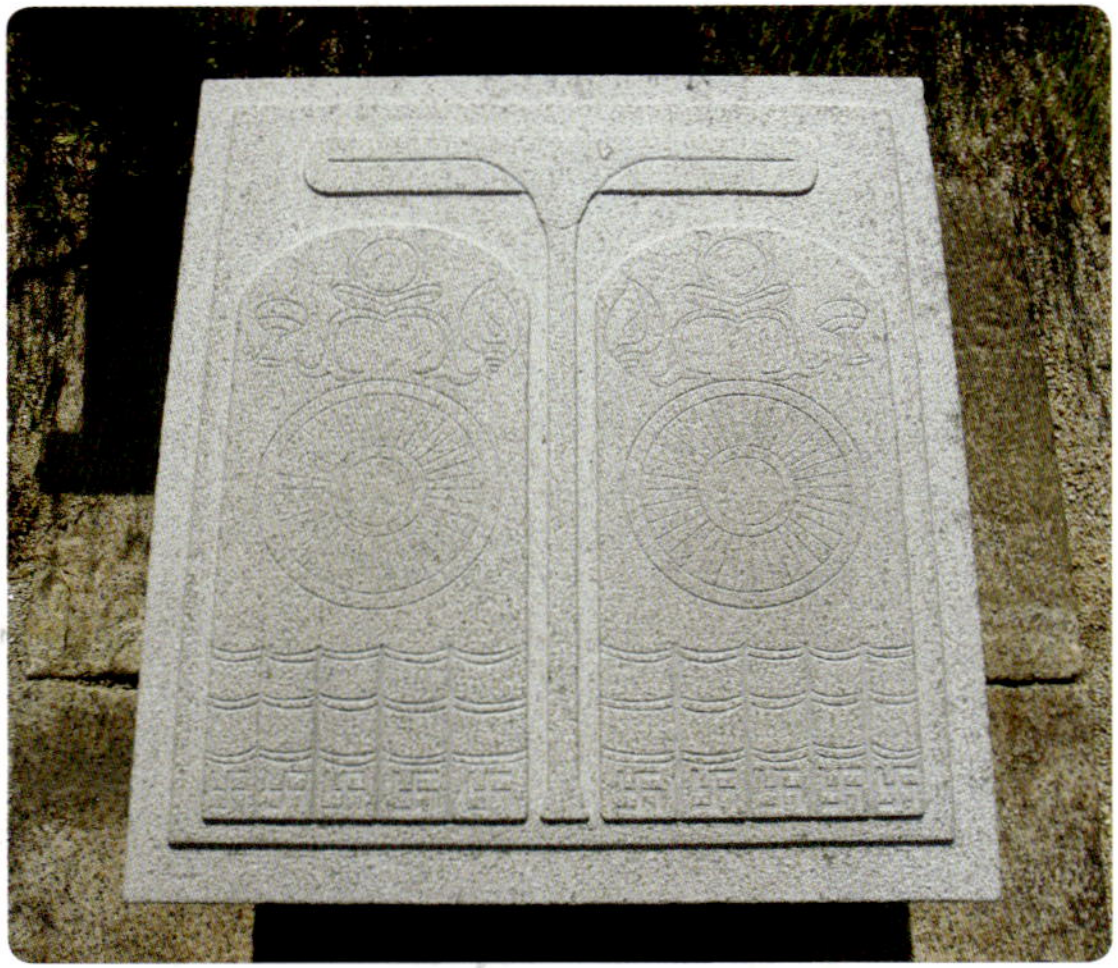

佛足石

流拡大を願い、平成24年（2012）10月に新造されたものである。制作にあたってはスリランカ南部テッサアーラーマ所在佛足石の拓本をもとに、同国でいくつもの佛足石の調査を行ったうえで、紀元前1世紀ごろの古式佛足石を模作した。このためこの佛足石の別名を獅子国（スリランカ）型佛足石という。

新しい石の中に悠久《ゆうきゅう》の教えが刻まれている。ぜひ手で触れて仏縁《ぶつえん》を結んでいただきたい。（佐藤亜聖）

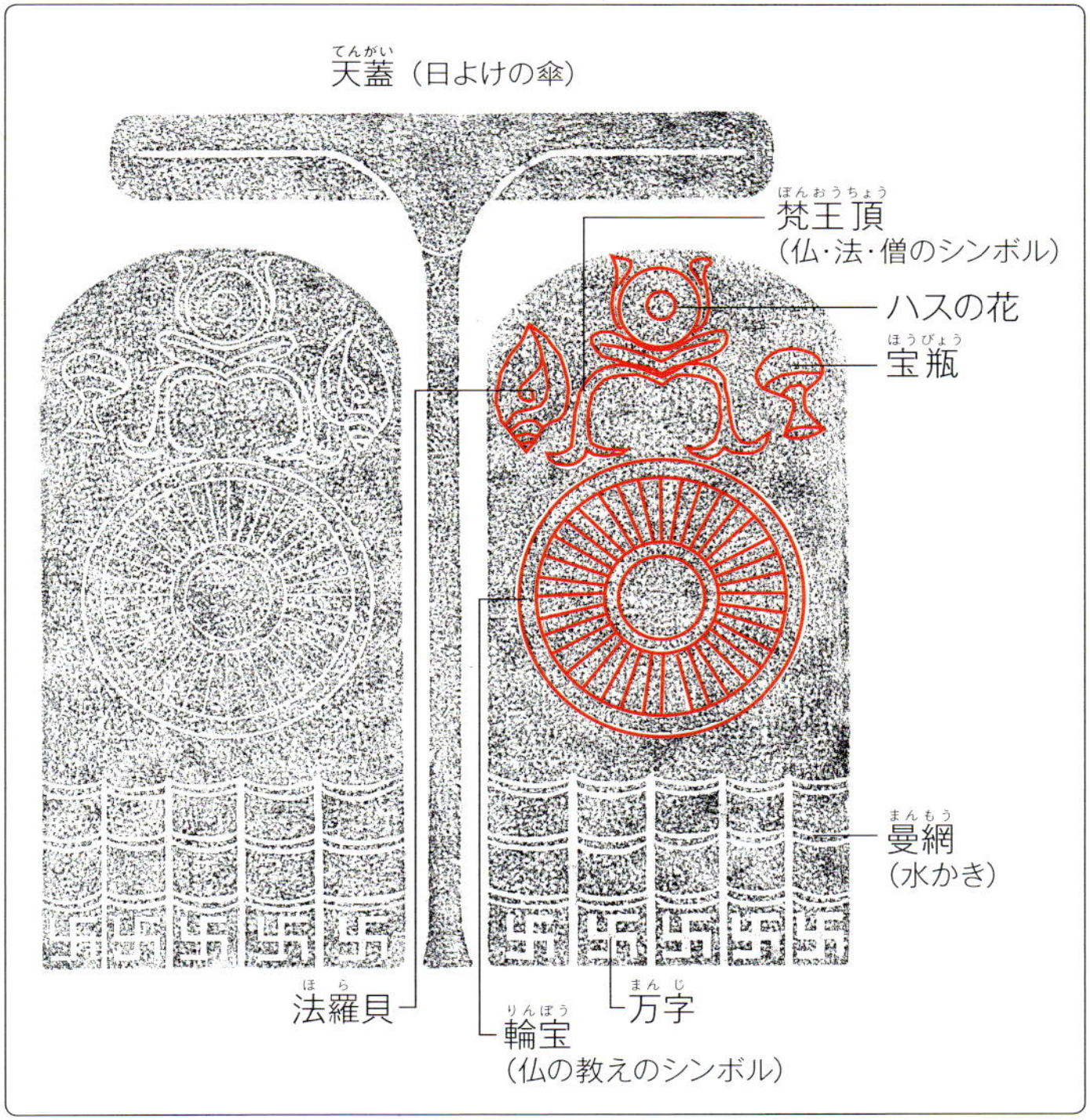

佛足石解説

4 五重小塔の不思議

法輪館に入るとまず目に付くのが中央に立つ五重塔である。高さ5.5mを測り、瓦や組物《くみもの》を精密に表現したもので、一見すると新しい模型のように見える。しかし、その部材の大半は奈良時代末のもので、建造物として国宝に指定されている。もともとは本堂内に据えられていたと考えられるが、明治40年（1907）に奈良国立博物館へ寄託された。その後昭和40年（1965）、宝物を納める収蔵庫（現法輪館）の完成に伴い元興寺へ戻され、現在に至っている。平安時代、鎌倉時代、江戸時代〔天和《てんな》3年（1683）〕、明治31年（189

組物や欄干、瓦まで精密に表現された五重小塔

8)、昭和27年(1952)、昭和42・43年(1967・68)に修理が行われているが、最後の修理に際してほぼ当初の形に復原された。塔の内部には昭和40年にスリランカよりもたらされた舎利(仏舎利《ぶっしゃり》)が納められている。

さて、この小塔がなぜ造られたのかについてだが、かつて有力だったのが五重大塔《ごじゅうだいとう》のひな形説であった。元興寺には江戸時代後期まで推定高50mを超える巨大な五重大塔が建っていた。奈良の名所にもなっていた美しい塔であったが、安政6年(1859)に火災に遭って失われてしまった。通常このような大型建造物を建てる際には模型を製作して構造の確認を行う。元興寺の五重小塔は細部まで精密に作られており、まさし

小塔の内部。内部構造も大型建造物と同じである

五重小塔(国宝)

く大型建築のひな形とするにはふさわしいものであったことから、大塔を建てる時に作られた模型であるとの説が有力となった。しかし、昭和2年（1927）に＊五重大塔礎石の測量調査が行われ、詳細な検討によって柱間の寸法や塔の高さ比率が復原されると、これらの数値が小塔と大きく異なることが明らかになり、大塔ひな形説に疑いが生じた。そんな時、江戸時代の大塔修理に際して描かれたと思われる大塔の構造図がみつかった。そこに描かれた大塔はおおよそ小塔とは似つかないものであったのである。こうしたことから現在では大塔ひな形説は否定されている。

ではこの小塔はいったい何のために作られたのだろうか。ヒントになるのは元興寺の塔配置である。古代元興寺の伽藍《がらん》配置は金堂《こんどう》を中央に置き、講堂《こうどう》に繋がる回廊《かいろう》でそれを取り囲む構造を持つ。仏の舎利を納める塔は通常東西に置かれるが、元興寺では東に大塔があるのみで、西には大塔がない。かわりに本来西大塔のある位置に「小塔院《しょうとういん》」という建物が配置されている。同じく奈良時代の小塔が残存する＊海龍王寺《かいりゅうおうじ》では西金堂の本尊として小塔が祀《まつ》られており、元興寺五重小塔も小塔院の本尊として祀られていた可能性がある。

しかし、五重小塔が小塔院にあったことを示す直接的な史料はない上に、平安時代に書かれた『＊七大寺《しちだいじ》巡礼私記《じゅんれいしき》』には、＊称徳《しょうとく》天皇が作らせた＊百万塔《ひゃくまんとう》を納めたのが小塔院であるという記述もあり、五重小塔についてはなお謎が残されている。

（佐藤亜聖）

＊五重大塔礎石
現在芝新屋町塔跡にある五重大塔の基壇の上には、大塔の柱礎石が元の位置のまま残っている（P.32参照）。

＊海龍王寺
奈良市法華寺北町にある真言律宗の寺。藤原不比等の邸宅（のちに光明皇后の皇后宮）跡に建てられたとされている。

＊七大寺巡礼私記
平安時代の貴族、大江親《ちか》通《みち》が保延《ほうえん》6年（1140）に南都を巡礼した際に見聞した内容を基に記された記録。

＊称徳天皇
（718〜770）
聖武天皇と光明皇后の娘。孝謙天皇として即位、のち重祚《ちょうそ》して称徳天皇となる。

＊百万塔
天平宝字《てんぴょうほうじ》8年（764）に起きた恵美押勝《えみのおしかつ》の乱ののち、称徳天皇が国家平安を願って作らせた木製の小塔。現在は法隆寺に多くが残されている。

小塔と大塔の違い

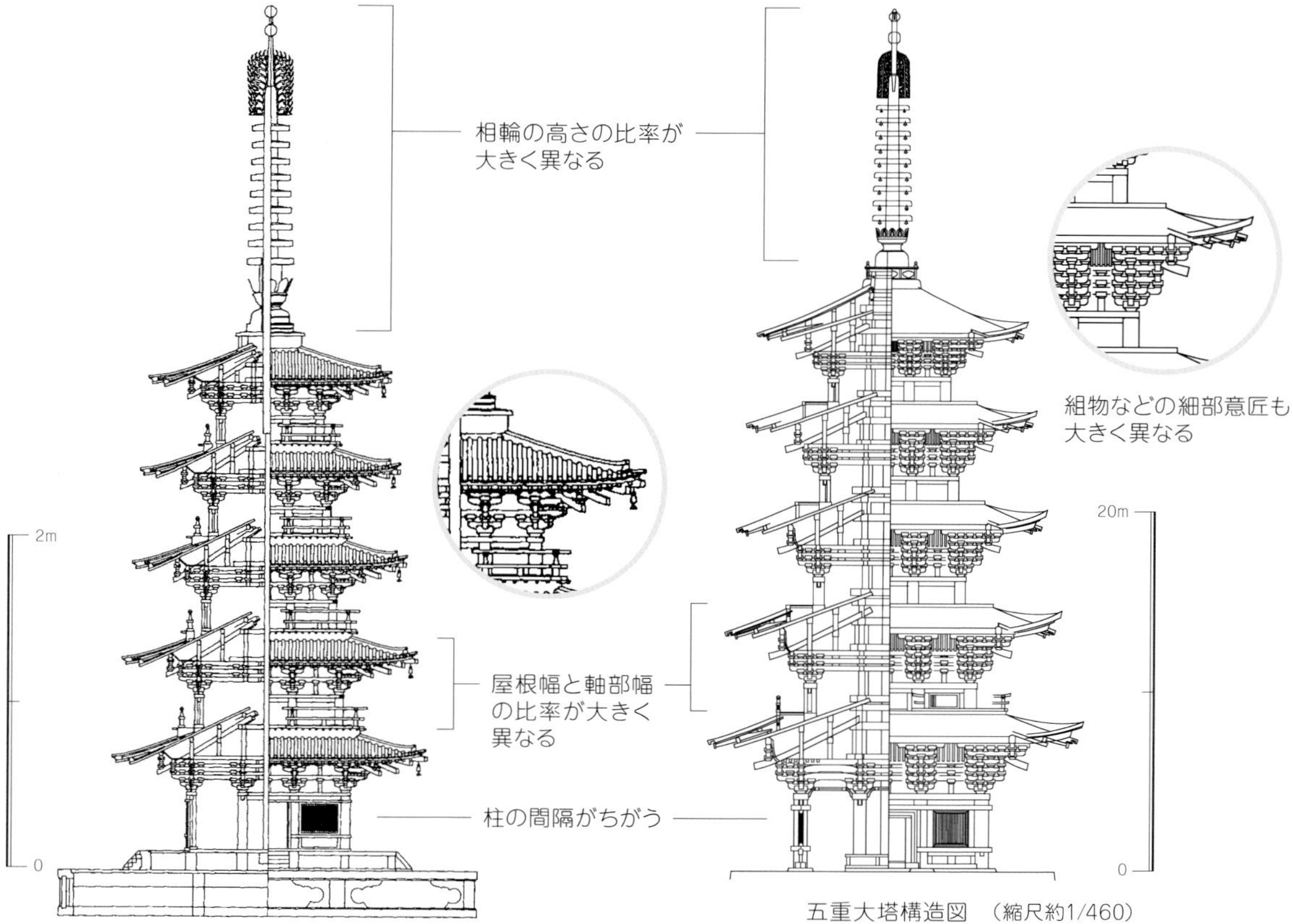

五重大塔構造図　（縮尺約1/460）

※五重大塔の高さは諸説あります

五重小塔構造図　（縮尺約1/50）

5 古代元興寺の証《あかし》 礎石

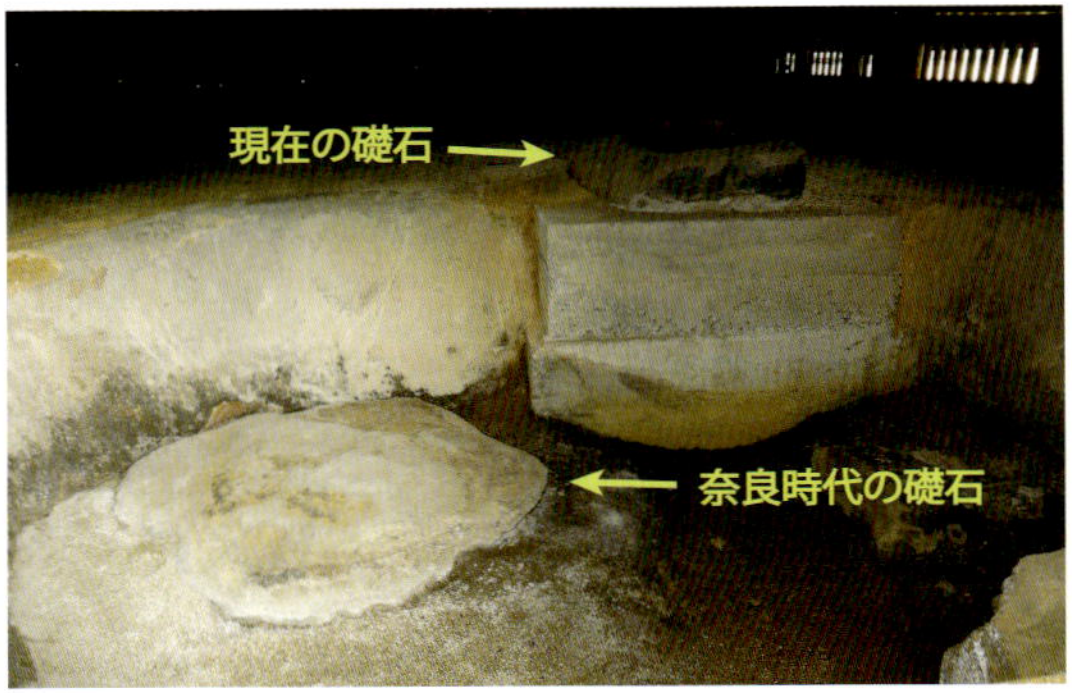

極楽堂床下の僧坊礎石（通常非公開）

仏教の伝来とともに、巨石の上に柱を立てる礎石《そせき》建物《たてもの》という新しい形式の建物が日本に伝えられた。仏教寺院の主要な建物は、大半がこの形式で建てられるようになった。元興寺でも建物の多くは礎石建物であった。礎石は建物の荷重《かじゅう》を支えるだけではなく、地面から柱を離すことで柱の腐朽《ふきゅう》を防ぎ、建物の耐用年数を長くする。極楽堂（本堂）・禅室が現在まで残ったのも、礎石建物であったゆえ、ということもできる。

*礎石には、自然石をそのまま使用するものと、自然石の一部を加工したものとがある。元興寺で見られるものは、上面を加工し、円形の柱を載せる部分（柱座《はしらざ》）を作り出すものが

*礎石の種類

・中心に突起を作り出すタイプ（元興寺塔跡心礎）

・円形の柱座を作り出すタイプ（元興寺塔跡）

一般的である。
極楽堂（本堂）の床下からは、鎌倉期改造の時に役目を終えた礎石が見つかっている。禅室柱列の延長線上にあることから、本堂がまだ僧坊であった時に使用されていたものであると考えられる。
法輪館の北側に並ぶ三基の礎石は、平成10年（1998）に奈良市教育委員会が中新屋町《なかのしんやちょう》で発掘調査を行った際に発見したものである。礎石は江戸時代の初めに穴を掘って埋められていたが、出土場所からすると、*講堂《こうどう》に使用されていたものと考えられる。いずれも上面に直径80～90㎝ほどの柱座を持つ。礎石の上には柱座と同規模の太さ80～90㎝もの柱が立てられていたと想定でき、講堂がいかに立派なものであったかを知ることができる。一方、*小子坊《しょうしぼう》の北側には、*鐘楼《しょうろう》の礎石が置かれている。これは昭和56年（1981）に中

境内の法輪館前に並べられた講堂礎石

・円孔を持つタイプ（法隆寺若草伽藍塔心礎）

*講堂
経典の講義や集会を行う建物。塔・金堂に続いて伽藍内では重要な位置を占める。

*小子坊　P.19参照。

*鐘楼
釣鐘堂。元興寺の鐘楼は東室と西室の僧坊列の間にあったと考えられているが、その全貌は不明である。

塔跡五重大塔の礎石（芝新屋町）

小子坊横に移した鐘楼礎石

新屋町で発見されたもので、柱座中央に突起を持つものである。

　礎石建物を支える礎石は、その上の建物が消滅した後でもその位置を保ち、かつての建物の復原の手がかりとなることがある。元興寺には、かつて五重大塔が建っていたが、安政《あんせい》6年（1859）に焼失してしまった。しかし、基壇上に残る礎石の位置関係から往時の建物規模を知ることができる。また、五重大塔基壇の北側堂周辺にも礎石が列となって残っており、これはかつて存在した観音堂の礎石である可能性がある。

　これら以外にも、*奈良町物語館《ならまちものがたりかん》の床下には、金堂の礎石を見ることができるほか、民家の庭や道端などでも旧元興寺伽藍で使用されていたと考えられる礎石が複数確認されている。元興寺旧境内を散策する際には、目線を落として足元にも注意を向けてみると、新たな発見に出会えるかもしれない。

（村田裕介）

＊奈良町物語館
（社）奈良まちづくりセンターが営むまちづくり活動の拠点施設。伝統的建築を利用して建てられており、ギャラリーやコンサートなどができるレンタルスペースを持ち、人気を博している。

コラム

ちょっぴり怖いかえる石伝説

元興寺極楽堂（本堂）北側の一角にかえる石《いし》と呼ばれる巨石がある。うずくまった蛙の形をしていて、見方によってはユーモラスな雰囲気《ふんいき》を持つ石だが、ちょっぴり怖い言い伝えがある。

この石はもともと大阪市都島区毛馬周辺の河原にあり、その後、豊臣秀吉に献上されたもので、豊臣家滅亡後は大坂城乾櫓《いぬいやぐら》の対岸に置かれていたそうである。この石には大坂夏の陣で亡くなった淀君《よどぎみ》の念が憑《つ》いており、不思議なことに大坂城の堀で溺死《できし》した死体はすべてかえる石近辺に流れ着くという伝承があった。近代になってもこのかえる石付近での溺死者の発見がつづいたらしい。昭和15年（1940）にはかえる石付近で堀に転落した人物が救助されて、その人物が「かえる石に腰かけてスケッチをしていたら、十二単《ひとえ》の女性が現れ扇子をあげて導くので、ついていったところ堀に転落した」と語った、という噂がひろまった。これが新聞沙汰となり、かえる石と淀君怨霊伝説が都市伝説化、見物人が押し掛ける事態となった

お守り「福かえる」

そうである。当時大坂城に司令部を置いていた陸軍はこれを良《よし》とせず、くだんの石を撤去してしまい、長らくかえる石は行方不明となっていた。

昭和32年（1957）、大阪市法円坂町で再発見され、発見者の知人であった元興寺中興泰圓大和尚《ちゅうこうたいえんだいわじょう》に移設と供養を願った結果、現在のところに落ち着いた。

元興寺に落ち着いてからは怪異もなく、くだんの石は道中無事を祈る焼き物のお守り「福かえる」の象徴として静かに第二の人生を送っている。

（佐藤亜聖）

かえる石

6 今も現役 元興寺創建期の瓦

元興寺極楽堂・禅室には1300年の歴史とともに伝えられてきた大量の瓦が葺《ふ》かれている。その中でも創建時に遡るものは極楽堂西側および禅室南側東寄りに行基《ぎょうき》葺《ぶ》きで葺かれている一群である。行基葺きとは、丸瓦の重なる部分が凹《へこ》んでいないために、瓦の厚み分が段として見える瓦の葺き方である。元興寺では、飛

元興寺の瓦葺き

① 本瓦葺き

② 行基葺き

＊元興寺の瓦葺き
①は通常の本瓦葺きの方法。丸瓦の端に一段へこんだジョイント部がついており、きれいに接合する。
②は奈良時代移建期まで使われた行基葺きであるが、これはへこみのないラッパ状の丸瓦を連結するので、下から見上げると魚の鱗のように見える。P.18注参照。

鳥時代創建期の瓦と奈良時代移建期の瓦がこの葺き方をするものである。

元興寺に葺かれた瓦は、大きく二種類に分かれる。平城京での元興寺移建にあたって製作されたものと、前身の法興寺から運ばれてきたものとである。この違いは平瓦で顕著にみられる。法興寺から運ばれてきた瓦は赤みを帯《お》びた色調のものが多く、表面は製作時の叩《たた》き目《め》を完全にスリ消したり、平行線や格子の叩き目が残る。

奈良時代移建期の瓦は、スリ消しがなく、表面に縄の叩き目が残り、製作工程は簡略化されていることがわかる。寺の移転には多くの瓦の製作を必要とすることから、瓦一枚に掛けられる労力が限られた結果によるも

現在も使われている行基葺き瓦（禅室南面）

極楽堂（本堂）に葺かれている瓦（行基葺き）

のであろうか。これらの平瓦は、*桶巻造《おけまきづく》りで作られている。

一方、軒瓦については、法興寺からはほとんど運ばれていない。法興寺の軒丸瓦は*素弁蓮華紋《そべんれんげもん》であるが、これは元興寺境内における発掘調査により出土した2点以外は確認されていない。平城京への移建にあたっては、その当時の最新であった複弁八葉蓮華紋《ふくべんはちようれんげもん》を施した軒丸瓦のみが使用されたようである。

奈良時代移建期、中世の極楽堂への改造時などに加え、それ以外にも各時代のものが見られる。大規模な修理以外にも、建物を維持していく上での日常的な管理がよくなされていたことを示している。

以上のように、元興寺の屋根瓦には様々な特徴を持つものがあるが、そこに1300年の長さに渡って、守り伝えられてきた歴史を見出すことができる。

（村田裕介）

奈良時代移建期の瓦（拓本）

＊桶巻造り
平瓦の製作方法の一つ。木の桶に粘土を巻いて、板や縄で叩き締めた後、四分割して四枚の瓦ができる。凹面には桶から粘土が離れやすくするために敷かれていた布の圧痕が、凸面には叩いた痕が観察できる。

＊素弁蓮華紋

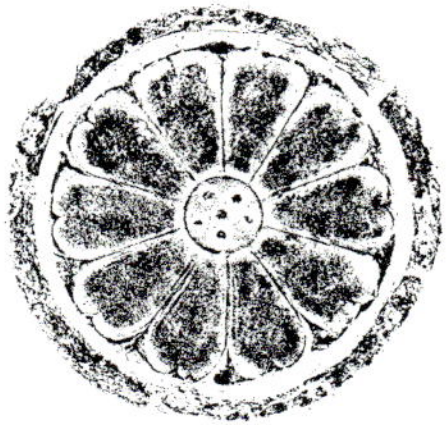

7 極楽へのあこがれ 智光曼荼羅

通常、寺院の本尊は仏像であるが、元興寺極楽堂（本堂）は智光曼荼羅《ちこうまんだら》が本尊である。智光曼荼羅とは、奈良時代、元興寺で学んだ僧侶＊智光《ちこう》法師が夢で見た極楽浄土の様子を描かせた図のことであり、清海曼荼羅、當麻曼荼羅とともに浄土三大曼荼羅と呼ばれている。そのため、それが安置された堂に曼荼羅堂・極楽堂の名が付けられた。

智光曼荼羅の成立に関しては、『日本往生極楽記《にほんおうじょうごくらくき》』に説話が掲載されるのが初出である。それによれば、智光が元興寺で学んでいたころ、同学の僧侶礼光《らいこう》（頼光とも記す）がある時無言になった。そして礼光はそのまま亡くなってしまった。ある日、智光は夢の中で礼光に出会う。夢の中の彼は極楽浄土で暮らしており、晩年彼が無言だったのは、実は極楽往生のための修行である＊観想念仏《かんそうねんぶつ》を修していたからであったという。そして、智光は礼光に連れられ阿弥陀仏の前に行き、阿弥陀仏より極楽の様子を示される。夢から覚めた後、それを描いたのが智光曼荼羅だった。この説話は平安時代の成立であるが、説話を遡る奈良時代には智光曼荼羅は成立していたと考えられている。

＊智光（709〜未詳）
河内国の出身で俗姓は鋤《すき》田連《たのむらじ》（後に上村主《かみのすぐり》）。養老元年（717）に出家。智蔵に師事して三論を学んだとされる。後に浄土教も厚く信仰し、凝然《ぎょうねん》から日本浄土六祖の最初に挙げられた。

＊観想念仏
仏の相好や浄土の様相に思いを凝らして瞑想《めいそう》する修行法。特に阿弥陀仏や極楽についての観法をいう。それによって罪を滅して極楽に往生することができる。

平安末期より極楽往生を願う浄土教信仰《じょうどきょうしんこう》が広がり、それによって智光曼荼羅が脚光を浴びるようになり、『七大寺日記《しちだいじにっき》』などの貴族の日記や『覚禅抄《かくぜんしょう》』などの仏教書にしばしば登場する。これらには智光曼荼羅が、一尺（約30㎝）四方のものであったと書かれている。

このように智光曼荼羅の正本（原本）は奈良時代以来、元興寺で大切に守られてきた。しかし、宝徳《ほうとく》3年（1451）、土一揆により起きた火災で元興寺周辺が罹災した際、難を避けるため*禅定院《ぜんじょういん》に移されていた智光曼荼羅は、残念なことに建物もろとも焼亡してしまった。とはいえ、元興寺には様々な智光曼荼羅の写しが存在している。次にそれらを見てみよう。

(1) 板絵本（国指定重要文化財）

約2ｍ四方の大きさで板地著色《いたじちゃくしょく》の曼荼羅である。鎌倉時代の成立とされるが諸説ある。正本が1尺四方とされるのに比べかなり大型である。極楽堂須弥壇《しゅみだん》上の厨子《ずし》背面にあったが、現在は法輪館に収められている。天部や如来が舞い奏でる舞楽段《ぶがくだん》の左右の橋上に、智光・礼光と考えられる二比丘《びく》像が描かれている。この板絵は正本の初期の写しと考えられている。

(2) 舎利厨子本（国指定重要文化財）

約50㎝四方の大きさで絹の布に描いた絹本著色《けんぽんちゃくしょく》板貼りのもので、春日厨子に収められている。明応《めいおう》7年（1498）ごろの成立とされる。*春日明神影向《かすがみょうじんようごう》の間に

＊禅定院
元は平城京右京にあった禅院寺で、12世紀前後に元興寺東方に移った。治承《じしょう》の乱で焼失を免れた禅定院に興福寺の大乗院が移り、事実上興福寺大乗院に取り込まれる。

＊春日明神影向の間
元興寺禅室内の一室。『元興寺別院極楽坊縁起』によれば、智光曼荼羅が禅室の経蔵にあったところ、空海がそこで修学していると春日明神《かすがみょうじん》が現れたという。影向とは神仏が現れることで、そのためその名が付いた。

板絵智光曼荼羅赤外線写真

智光曼荼羅舎利厨子

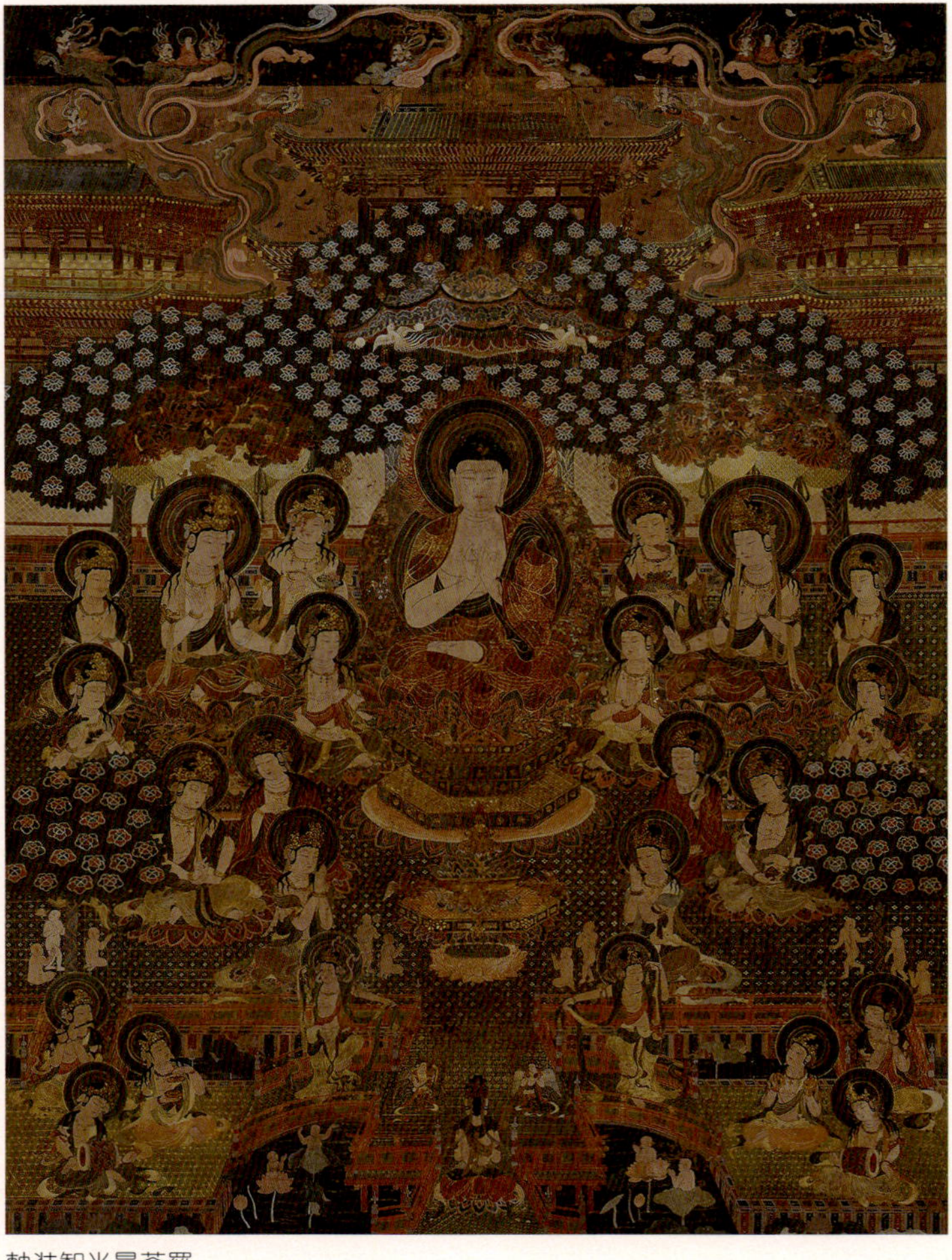

軸装智光曼荼羅

安置されている。阿弥陀仏・二比丘像の姿等については板絵本と同様である。厨子の扉には舎利を守護するためか、四天王像が描かれている。

(3) 軸装本《じくそうぼん》(奈良県指定文化財)

縦約2m、横約1・5mで絹本著色・軸装で室町時代の成立とされる。長谷寺能満院《はせでらのうまんいん》にも同様の智光曼荼羅が残るが、これは本来元興寺のものと一具であった。阿弥陀仏は*説法印《せっぽういん》を結び、二比丘の姿は描かれない。

(4) 尊覚開版本《そんかくかいはんぼん》

縦約60㎝、横約50㎝。極楽坊から改称した極楽院の住持*尊覚《そんかく》が元禄《げんろく》14年(1701)に製作した。曼荼羅図の下に製作の由来を記載する。阿弥陀仏・二比丘像については厨子入本と同じである。

智光曼荼羅はこのように浄土教信仰の高まりとともに中世ごろより信仰を集め、正本焼失を乗り越え今に伝わっているのである。(三宅徹誠)

尊覚開版本智光曼荼羅

＊説法印
印相(両手で表す象徴的な形)の一つで、転法輪《てんぽうりん》印《いん》ともいう。仏が説法している形を表したもので、様々な種類がある。

＊尊覚(1652〜1719)
西大寺第53代長老尊覚春賢上人。元興寺極楽院住持。元興寺の発展、特に智光曼荼羅の普及に努めた。天和《てんな》3年(1683)に五重小塔を修理し、元禄14年(1701)には『元興寺極楽坊縁起絵巻』を東大寺道恕《どうじょ》に請い新調している。そして、同年に智光曼荼羅を開版し頒布《はんぷ》した。

コラム

念仏に込めた祈り　本堂の柱刻文

元興寺極楽堂（本堂）にお参りすると、内陣正面にある二本の柱にアクリル板が取り付けられていることに気づくだろう。よく見るとこの柱にはびっしりと文字が刻まれている。向かって左の柱にある文章の一部を抜粋してみると、「……奉施入元興寺極楽房水田参段事……為師主慈恩院法下御房出離生死往生極楽……勤行百日念仏……嘉応三年二月二十五日僧慈経敬白」と記される。これは慈経《じけい》という僧侶が師匠である慈恩《じおん》の極楽往生を願う「百日《ひゃくにち》念仏《ねんぶつ》」という仏事の費用のために、自分の財産の中から三段（約2975㎡）の水田を寄進した、という内容である。百日念仏とは亡くなった人の極楽往生や自分の功徳《くどく》（良い行い）のために百日分の念仏を唱える仏事である。驚くのはこれが嘉応《かおう》3年（1171）、つまり今から840年以上も前のものであることだ。本堂内陣の角柱にはこの銘のほかにも天福《てんぷく》元年（1233）までの六通の寄進文が刻まれており、わが国有数の古銘文《こめいぶん》として貴重である。

本堂柱拓本（向かって左手の角柱西面）

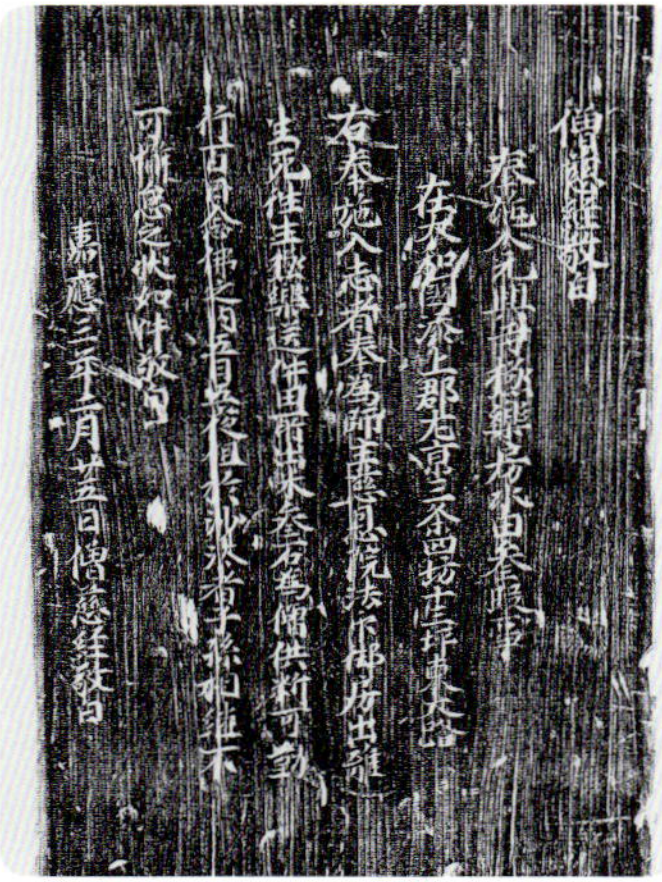

また、本堂内陣向かって右にある丸柱の上部にも銘が刻まれている。これも念仏に関する寄進文だが、そこには「文永二年《ぶんえい》」という年号とともに「七昼夜念仏《ななちゅうやねんぶつ》」という言葉が見える。天福元年までの銘では「百日念仏」だったものが、文永《ぶんえい》2年（1265）になると「七昼夜」に短縮されているのだ。これはおそらく、それまで多額の費用が必要なため富裕層しか開催できなかった仏事を、庶民も開催するようになり、より安価で済む七日念仏に短縮したことをしめすのだろう。寛元《かんげん》2年（1244）、内部の空間を広くとれるように本堂を今の形に改造した背景には、こうした仏事の簡略化と、参加者の増加があったと考えられている。（佐藤亜聖）

本堂内陣柱刻文の位置

8 元興寺の仏像

元興寺は智光曼荼羅《ちこうまんだら》を本尊としつつも、多くの仏像がお祀《まつ》りされている。主要なものについて解説しよう。

(1) 阿弥陀如来坐像（国指定重要文化財）

元興寺に残る仏像の中でもっとも大きなものである。高さ157・3cmで、一般に*半丈六《はんじょうろく》と呼ばれるサイズのものである。長らく本堂厨子の中に収められていたが、古記録によると、もともと元興寺の東方にあった禅定院《ぜんじょういん》多宝塔《たほうとう》の本尊であったが、文明《ぶんめい》15年（1483）に多宝塔が火災にあったことから、元興寺極楽堂に移されたものである。

頭と体幹《たいかん》をケヤキの一木で作り、膝《ひざ》から前の部分は別の材で作って接合している。肩が大きく張り気味で、大きな*肉髻《にくけい》とあいまって、全体的にどっしりとした風格を醸《かも》し出している。

衣のひだや、体のしわなど細部に柔らかな雰囲気があるが、これは木彫の素地の上に*塑土《そど》と呼ばれる土を盛りつけているためとされている。こうした特徴から本像は平安時代中期（10世紀末ごろ）のものと考えられている。右手を立て、左手を下げ、親指と人差し

---

*半丈六
一丈は十尺で、丈六とは像高十六尺のこと。半丈六は丈六の半分。仏像制作の寸法規格。

*肉髻
頭頂部の肉が髻《もとどり》の形をして盛り上がっている部分。

*塑土
造形のため粘土質でない山土に、わらや麻、和紙の繊維などを混ぜ込んだもの。乾燥しても収縮しにくい。

阿弥陀如来坐像

指を結ぶ手の形（印相）を「阿弥陀来迎印《あみだらいごういん》」といい、仏が人々を極楽へ導くことを象徴しているが、こうした阿弥陀来迎印をもつ仏像として非常に古いものである。

(2) 聖徳太子立像［南無仏《なむぶつ》太子］（奈良県指定文化財）

平安時代初期の『聖徳太子伝暦《しょうとくたいしでんりゃく》』には、聖徳太子が2歳の時に東に向かって手を合わせ、「南無仏」と唱えたと記されている。中世のころにはさらに話が広がり、手のひらの間から＊舎利宝珠《しゃりほうじゅ》がこぼれ落ちたという伝説も語られるようになる。本像はこの伝説の聖徳

＊舎利宝珠
宝珠形の釈迦の骨を納める器。

聖徳太子立像

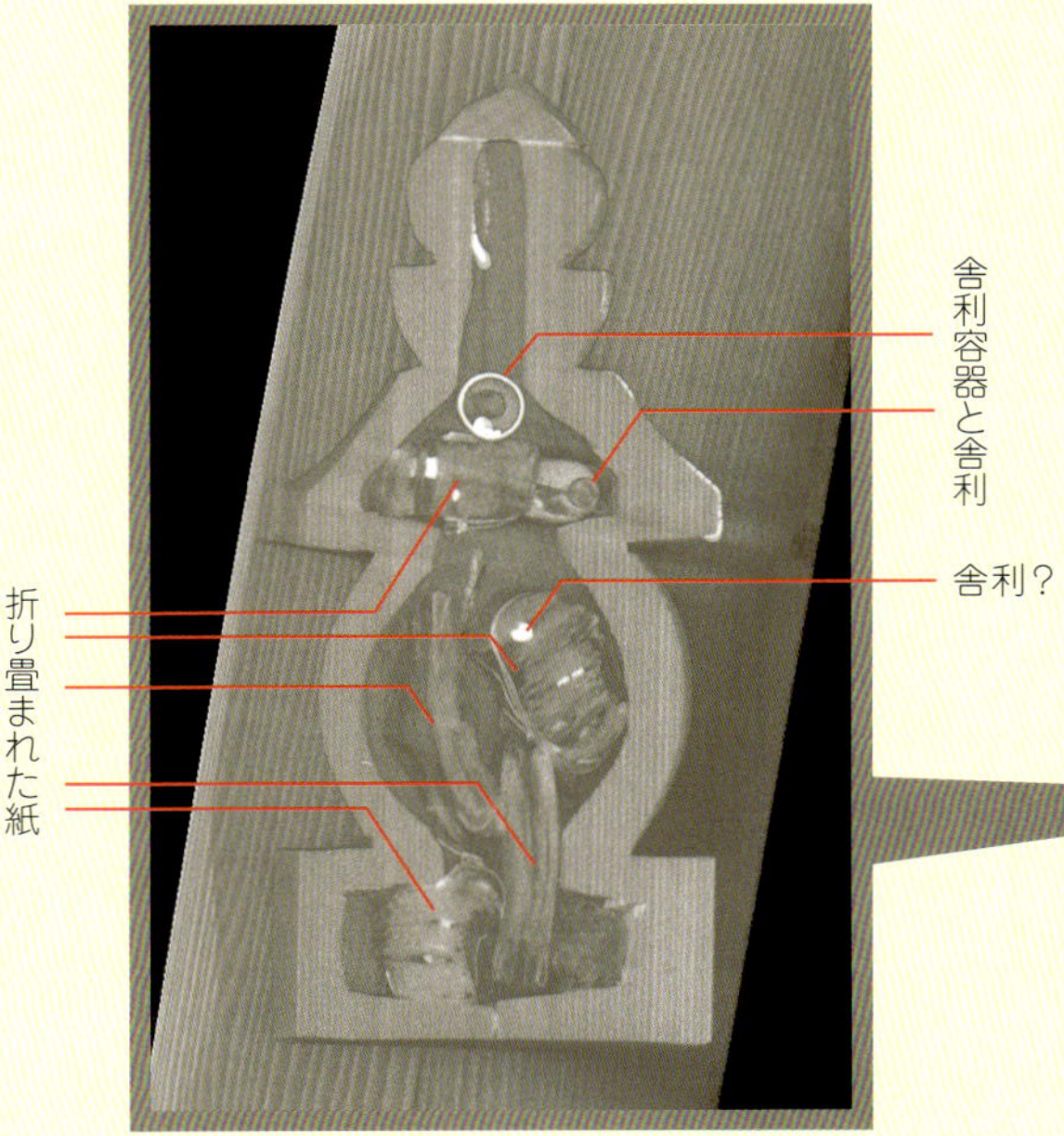

胎内五輪塔CT画像

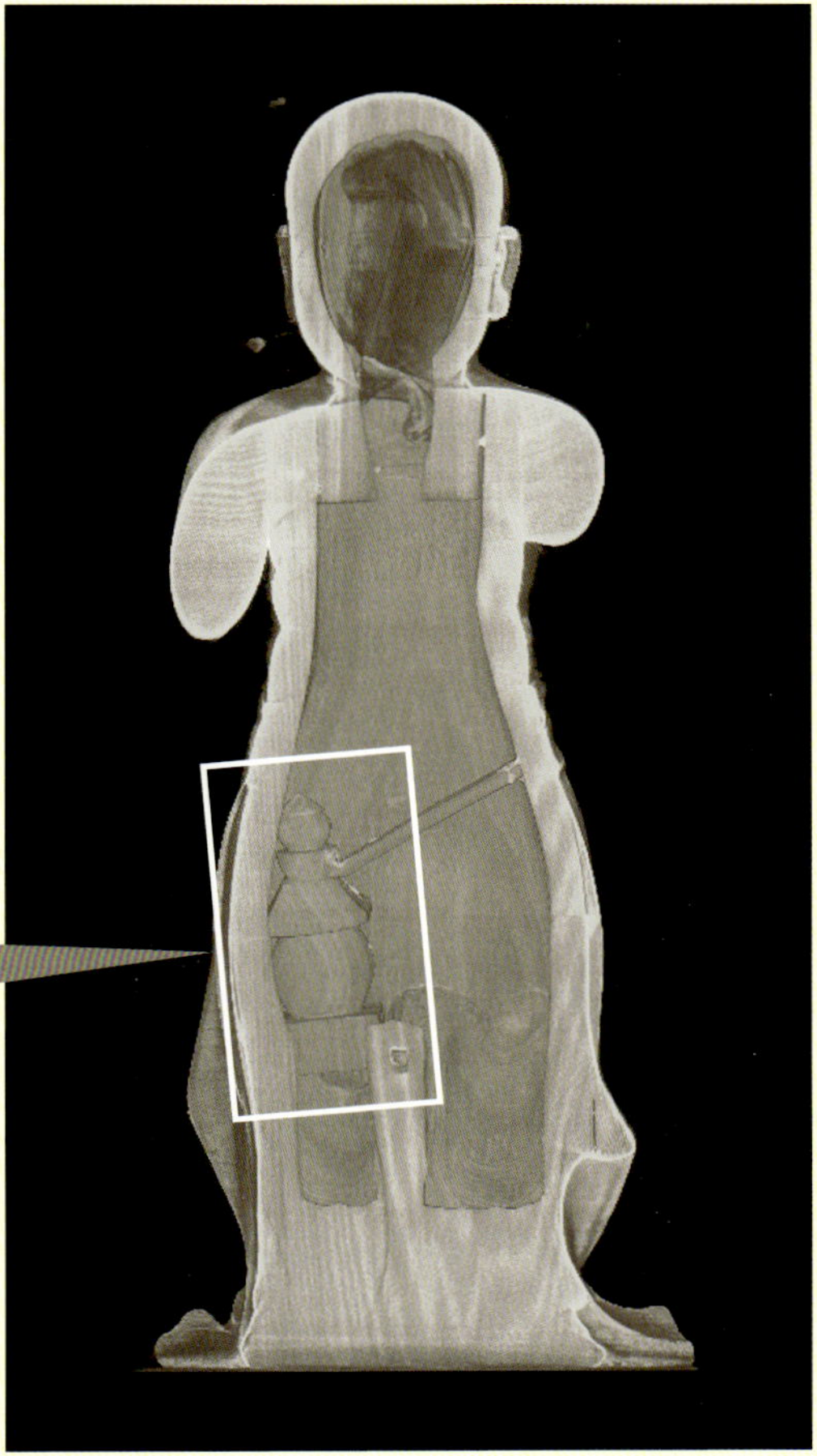
太子像胎内CT画像

太子を木像にしたものである。真剣なまなざしや、緊張感のある袴《はかま》の裾《すそ》など、数ある聖徳太子二歳像のなかでも特に優れた像とされている。

本像は非常に残りがよく、修理の必要がないため内部を見る機会がなかったが、昭和35年（1960）にX線透過撮影を行い、その結果、右足部分に木製五輪塔が入っていることがわかった。さらに平成26年（2014）、九州国立博物館でX線CTを使い内部の調査を行ったところ、体内に紙の束が見つかったほか、これまで知られていた五輪塔の内部にも紙片の束

聖徳太子立像（十六歳孝養像）

や、数粒の舎利が詰め込まれていることが新たに判明した。聖徳太子立像（十六歳孝養像）と同じく、多くの人が力を合わせてこの像を作った記録が残されていると考えられる。

(3) 聖徳太子立像（十六歳孝養《きょうよう》像）（国指定重要文化財）

本像は角髪《みずら》を結い、靴を履いて＊柄香炉《えごうろ》を持つ立像である。父用明《ようめい》天皇の病気回復を薬師《やくし》如来《にょらい》に祈る16歳の姿を刻んでいる。解体して修理を行った際に、文永《ぶんえい》5年（1268）に眼清《がんせい》という僧侶がこの像を造る代表になったことを記した『眼清願文《がんせいがんもん》』、仏像を刻んだり版画の原画を描いた工房の人々が名前を記した『木《き》仏所《ぶっしょ》画所《えところ》等列名《とうれつめい》』、像を造るためにお金を出し合った人々の名前を記した『結縁人名帳《けちえんじんめいちょう》』、聖徳太子の姿を版画にした『聖徳太子《しょうとくたいし》＊摺仏《しゅうぶつ》』、お金やお米を出した人に配られた『太子千杯供養札《たいしせんぱいくようふだ》』など多数の納入品が見つかった。これらの資料からは、この像を造るにあたって、実に5000人にも及ぶ人々が力を合わせた

＊柄香炉
持ち手の付いた香炉で、供養に用いる仏具の一つ。

＊摺仏
木版で印刷された仏画。鎌倉時代以降に盛んに作られた。

聖徳太子像（十六歳孝養像）像内より見つかった聖徳太子摺仏

如意輪観音菩薩坐像

ことが知られるのである。

『結縁人名帳』によると、善春《ぜんしゅん》という仏師を中心に、9人の仏師が約1か月で像を造り、その後慶尊《けいぞん》という絵仏師を中心にした11人の絵仏師によって14日間で彩色が施されている。善春という仏師は、鎌倉時代後期の奈良を代表する仏師集団である「*善派仏師《ぜんぱぶっし》」の一人で、西大寺叡尊《えいぞん》像をはじめとして各地で仏像を造っている。

(4) 如意輪観音菩薩坐像《にょいりんかんのんぼさつざぞう》

優しげな面持ちと、水晶をはめ込む「玉眼《ぎょくがん》」と呼ばれる方法で造られた切れ長の目がひときわ美しい像である。奈良時代から聖徳太子は観音菩薩の生まれ変わりである、という信仰が広まっており、本像は元興寺に浸透していた聖徳太子信仰をもとに鎌倉時代末ごろ造られたものと考えられる。如意輪観音は中世以降女性を救済する*変化観音《へんげかんのん》としても信仰されるようになる。元興寺には「夫婦離別祭文《ふうふりべつさいもん》」(P.59参照)のような女性の立場から書かれた祭文も残されており、如意輪観音信仰の背景には女性の信仰も垣間見える。

(5) 弘法大師坐像 (国指定重要文化財)

寄木造の坐像で、像内に五色の舎利や愛染明王《あいぜんみょうおう》印仏、正中《しょうちゅう》2年(1325)の年号を持つ経典類、康永《こうえい》4年(1345)の年号を持つ『結縁交名状《けちえんきょうみょうじょう》』などが納められていた。大師450年遠忌にあたる弘安《こうあん》7年

---

*善派仏師
鎌倉時代に奈良を中心に活躍した仏師の一派。

*変化観音
聖観音に対して、十一面観音や千手観音などの観音のこと。

（1284）ごろに造られたと考えられ、納入品は後に行われた修理の際に入れられた可能性がある。元興寺にのこる永正《えいしょう》12年（1515）『極楽坊記』には、元興寺禅室にある「春日影向《かすがようごう》の間《ま》」に毎日春日明神が鹿に乗って現れ、智光曼荼羅と舎利を護ったので、弘法大師空海がこれを勧請して春日曼荼羅を描き、併せて自らの像を作ったと記される。春日信仰を介して弘法大師信仰が元興寺に息

弘法大師坐像

弘法大師坐像内より発見された愛染明王印仏

春日影向の間に伝わる春日曼荼羅

づいていたことがわかる。

(6) 軸装弁才天坐像 (奈良市指定文化財)

これまで彫刻資料を見てきたが、元興寺には仏画にも優れたものがある。ここでは弁才天像をあげておこう。この弁才天は8本の腕を持ち、虎皮の上に坐す。腕にはそれぞれ輪宝《りんぽう》や弓、剣などの武器を持つが、うち2本は福徳を表す宝珠と宝印を持っている。通常弁才天は法印ではなく鍵を持っているのでこの像はやや異色である。そこで赤外線観察を行うと、下絵では本来鍵を持っていたが、彩色の際に宝印に改めたことがわかった。その理由についてはよくわかっていない。

背景の滝や衣帯など細部まで緻密に表現する手法から、鎌倉時代中期ごろに描かれたものと考えられる。

(佐藤亜聖)

軸装弁才天坐像

9 中世びとのこころ　仏教民俗資料

元興寺をとりまく信仰をもっともよく示すのが『元《がん》興寺庶民信仰資料《ごうじしょみんしんこうしりょう》』である。これは*重要有形民俗文《じゅうようゆうけいみんぞくぶん》化財《かざい》に指定されている6万5395点よりなる様々な庶民信仰資料のことである。鎌倉時代から江戸時代にわたり、実に多様な種類のものが含まれる。ここではその中から代表的なものをいくつか紹介する。

(1) 物忌札《ものいみふだ》

物忌とは一般には、不吉な出来事が予測される時、それを避けるために活動を謹慎《きんしん》することをさすが、人間が死んだ時に生じる穢《けがれ》を避けるため謹慎することも物忌とされた。こうした穢をはらうため、また遺体にとり付く鬼をはらうため、そして物忌中であることを示すための札を葬礼に際して作成したのが物忌札である。元興寺に残る物忌札も喪家《そうけ》の入口にたてかけたり、死者の枕許《まくらもと》に置いて魔除《まよ》けとした後、*中陰明《ちゅういんあ》けの際

物忌札

*重要有形民俗文化財
P.13参照。

*中陰明け
中陰とは、死ぬこと（死有）と次の命を得ること（生有）の中間の期間のことで、中有《ちゅうう》とか中蘊《ちゅううん》などとも呼ばれる。中陰明けは、忌明《きあ》け、四十九日の別名で、満中陰を迎える事を指す。

夫婦離別祭文

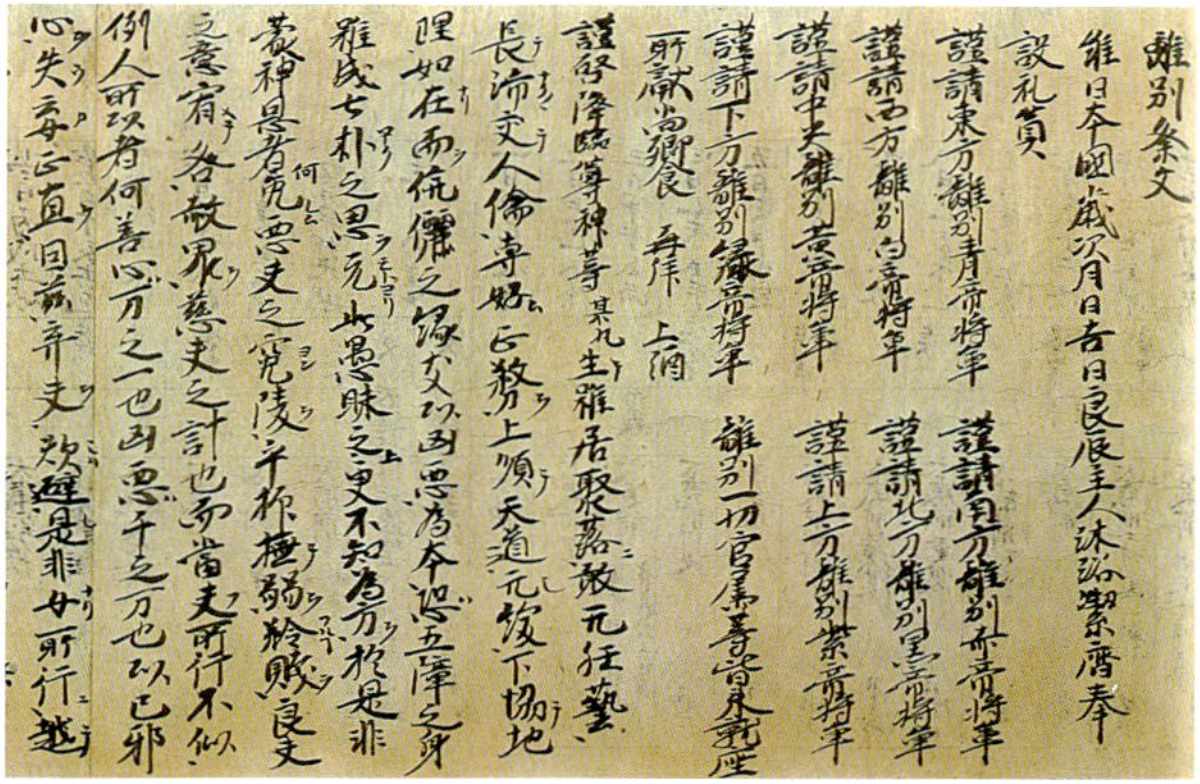
離別祭文
維日本国歳次月日吉日良辰主人沐浴潔斎奉
設礼奠
謹請東方離別青帝将軍　謹請南方離別赤帝将軍
謹請西方離別白帝将軍　謹請北方離別黒帝将軍
謹請中央離別黄帝将軍　謹請上方離別紫帝将軍
謹請下方離別緑帝将軍　離別一切官属等皆来就座
所献尚饗食　再拝　上酒

に位牌《いはい》や納骨器《のうこつき》とともに納められたものであろう。物忌札の作成に関与したのは*陰陽師《おんみょうじ》であった。元興寺の場合も、旧境内近くに陰陽町《いんようちょう》（地元では「いんぎょまち」と呼ぶ）と呼ばれる一画があり、実際に陰陽師が住んでいたことが知られ、物忌札作成に関与したと考えられる。

(2) 和合《わごう》・離別祭文《りべつさいもん》

祭文とは、祭りの際に神に捧げる祝詞《のりと》のことである。元興寺には夫婦和合および離別祭文が伝わる。これら二種の祭文は、いずれも通常の*宣命体《せんみょうたい》ではなく*漢文《かんぶん》調《ちょう》である。ともに康暦《こうりゃく》3年（1381）に写筆されている。夫婦和合祭文は、妻を棄ててほかの女に心を寄せる夫を再び自分のもとへ取り戻そうとする妻の願文である。離別祭文は、逆に悪夫《あくふ》の虐《ぎゃく》待《たい》に堪えかねて離別を望む妻の願いが述べられている。両祭文はいず

＊陰陽師
中国発祥の陰陽道と称する特殊な方術の占法をもって、すべての吉凶災福を察知し、これに処するための呪術作法を行う宗教家で、方士、方術士、方伎士などとも呼ばれる。

＊宣命体
宣命とは天皇の命令を伝える文書の様式の一つで、宣命体はこれを書き記した文体のこと。抽象的な語句を連ね、対句を多用し、荘重な感じを持つものである。

＊漢文調
漢文調とは漢文訓読体のことであり、これに対する和文調は口頭言語を記録したものに基づくもので、大和言葉（和語）で綴り、文字は平仮名を原則とする。

れも同じ年の2月23日に書写されている。このような願いを持つ女性はいつの世にも多く、こうした女性の目線から書かれた願文が遺《のこ》されていることは重要である。元興寺に居住する*聖《ひじり》は庶民の願いに応えて、様々な祈禱《きとう》をも行っていたようだ。

(3) 千体仏《せんたいぶつ》

高さ10㎝程度の小仏を多数造り供養することは、鎌倉時代に盛んになった。これを千体仏（万体仏《まんたいぶつ》）と呼ぶ。元興寺に現存する千体仏には以下の三種類がある。

(1) 板彫千体地蔵菩薩立像《いたぼりせんたいじぞうぼさつりゅうぞう》（114枚）
(2) 板彫地蔵菩薩坐像《いたぼりじぞうぼさつざぞう》（1枚）
(3) 木造千体仏像《もくぞうせんたいぶつぞう》（886躰）

少ない経費でより多数の仏像を造像し、多くの善根《ぜんこん》を積もうとした多数作善《たすうさぜん》の思想によるものであると考えられる。

(4) 柿経《こけらきょう》

柿経は「卒塔婆《そとば》経」「経木《きょうぎ》」などとも呼ばれるもので、木片に経文を書写したものである。元興寺の柿経は本堂の解体修理時に天井裏から発見されたものと、発掘調査により地中から発見されたものとで、約35000本以上もある。このように鎌倉時代から江戸時代に及ぶものが一か所で発見された例はほかになく、柿経として最古のものと考えられる嘉禄《かろく》元年（1225）の

＊聖
寺院の枠にとらわれず広く山野を巡って修行した僧。元興寺はこうした聖の活動拠点となった。

板彫千体地蔵菩薩立像

木造千体仏像

宝塔形納骨塔婆

五輪塔形納骨塔婆

銘のあるものも遺されている。実際の書写を行った人は僧侶がほとんどであったかもしれないが、その中には多くの庶民の信仰に対する熱い想いが秘められていたといえよう。

(5) 納骨塔婆《のうこつとうば》

中世の元興寺極楽坊は、納骨霊場としてよく知られていた。平安時代末ごろから、貴族の間では、*納骨習俗がさかんになった。元興寺極楽坊でも納骨が行われるようになる。極楽坊は本尊が智光曼荼羅であり、その堂内空間は極楽そのものと意識されていた。そこに納骨することにより、死者の極楽往生が確信されたのである。納骨塔婆とは、塔婆の形をした木製納骨容《もくせいのうこつよう》器《き》のことで、五輪塔《ごりんとう》、宝篋印塔《ほうきょういんとう》、板碑《いたび》、宝塔《ほうとう》、層塔《そうとう》などの形がある。納骨五輪塔の場合には地輪部《ちりんぶ》（五輪塔最下段の方形部材）に骨穴《こつあな》がある。納骨塔婆の多くは釘穴を有しており、堂内の柱などいたるところに打ち付けられていたようだ。

以上のように、元興寺に残された資料群は歴史的に詳細が記されることの少なかった庶民信仰について、様々な示唆《しさ》を与えてくれるのである。

（角南聡一郎）

＊納骨習俗
遺体の一部を、その人の「いのち（魂）」を象徴するものとして霊地に納める習俗で、一般的には骨の一部を納める。この習俗は高野山奥の院など各地で行われた。

様々な納骨塔婆

10 極楽への道しるべ 石造供養塔

元興寺を訪れると、まず目に付くのは境内に整然と並べられた石塔だろう。これらは近年まで禅室の北西部石舞台に積み上げられていたものであるが、昭和63年（1988）、現在の形に並べなおされ、浮図《ふと》田《でん》と呼ばれている。ちなみに浮図とは仏陀のことであり、文字通り仏像、仏塔が稲田のごとく並ぶ場所という意味である。これらの石塔には様々な形態のものが存在する。まずはその種類を見てみよう。

もっとも目に付くのは五つの部品を組み合わせて造る「五輪塔《ごりんとう》」である。五輪塔は*密教《みっきょう》の教義《きょうぎ》（おしえ）をもとに造りだされた塔で、地・水・火・風・空という宇宙を構成する五大要素を体現し、*大日如来《だいにちにょらい》と阿弥《あみ》陀如来《だにょらい》を塔の形で表したものである。

次に、数は少ないが重要な塔として「宝篋印塔《ほうきょういんとう》」がある。これは10世紀に中国で盛んに造られた*金属製阿育王塔《あいくおうとう》に起源を持ち、屋根の四隅に隅飾りと呼ばれる突起があることを特徴とする。功徳《くどく》（ご利益《りやく》）のある重要な経典、『宝篋印陀羅尼《ほうきょういんだらに》』を納めたとされることから宝篋印塔と呼ぶ。

さらにこれら二つの塔の形を舟形の碑に浮彫や線刻

＊密教
7世紀のインドで発達した仏教の一派。広く衆生を救済するため布教を行う通常の仏教に対し、口伝で伝承し、曼荼羅《まんだら》と真言《しんごん》を多用する神秘主義的な教義を特徴とする。

＊大日如来と阿弥陀如来
密教における中心的な仏が大日如来であるのに対し、阿弥陀如来は西方《さいほう》極楽浄土《ごくらくじょうど》の中心仏として浄土教《じょうどきょう》諸派で崇拝される。五輪塔の理論を整備した高野山の僧覚鑁《かくばん》はこの二者が表裏一体の関係で、本来同一の存在であると説いた。

したものを舟型《ふながた》五輪塔《ごりんとう》（宝篋印塔）板碑《いたび》と呼ぶ。組み合わせ式五輪塔や宝篋印塔が鎌倉時代から戦国時代に多いのに対し、この板碑は戦国時代から江戸時代前期に多い。このほかに箱形の枠内に阿弥陀や地蔵を浮彫した地蔵石龕仏《じぞうせきがんぶつ》、自然石に文字を刻んだ自然石板碑《しぜんせきいたび》など様々な種類の石造物が浮図田以外にも境内各所に置かれている。

さて、これらの石塔類にはいずれも「道意」や「妙空」など戒名や法名が刻まれている。中世の元興寺は

舟型五輪塔板碑

宝篋印塔

＊金属製阿育王塔

紀元前3世紀のインドで深く仏教に帰依したアショカ王（阿育王）が作らせたとされる仏塔（阿育王塔）の形に起源を持ち、仏教の重要な経典『宝篋印陀羅尼』を納めていた。10世紀ごろ、中国浙江省を中心に勢力を誇った呉《ご》越国《えつこく》の王、銭弘俶《せんこうしゅく》が大量の銅製阿育王塔を造り、各地に配布した。このため別名「銭弘俶塔」ともいう。

桔梗が咲く夏の浮図田

＊興福寺大乗院《こうふくじだいじょういん》の菩提寺墓所の一つとなっていたので僧侶の石塔が多いが、臨終にあたって法名《ほうみょう》をもらった僧侶以外の人も含まれる。また、なかには「逆修《ぎゃくしゅう》」と刻むものも見られるが、これは生前に自らの極楽往生《ごくらくおうじょう》を願って石塔を建てたものである。当時、石塔を建てるためには大変な費用がかかったものと考えられ、こうした逆修供養ができる人々はかなりの富裕層であったといえるだろう。

このように元興寺には多種多様な石塔類が存在しているが、この中には通常墓地で見かけるような江戸時代以降の方柱状のいわゆる「墓石」がほとんどない。これは江戸時代前期に元興寺が徳川家のための祈禱《きとう》を行う寺（御朱印寺《ごしゅいんじ》）として指定されたことで、通常の町民の墓寺として機能しなくなったことによるものだろう。このように何気ない石塔類の中にも長い元興寺の歴史が凝縮されているのである。

（佐藤亜聖）

「逆修」銘五輪塔

＊興福寺大乗院
興福寺の内部にあった子院《しいん》（寺院内に作られた僧侶のすまい）。九条家の子息が多く入った。中世には近衛《このえ》家の一乗院《いちじょういん》とならび強大な勢力を誇り、門跡寺院と呼ばれた。

コラム

引っ越してきた石造物

―旧《きゅう》肘塚《かいのづか》不動堂《ふどうどう》石造物《せきぞうぶつ》―

東門駐車場南に石碑や石仏などの石造物が並んでいることにお気づきだろうか。元興寺の石造物は大半が浮図田《ふとでん》にあるのに、単独で並べられていることを不思議に思われた方もおられるだろう。これらの石造物はもともと元興寺にあったものではなく、他所から移されたものである。

昭和11年（1936）、元興寺から南に1㎞ほど離れた奈良市南肘塚町《かいのづかちょう》にあるテイチク工場敷地に、新しく不動明王をお祀りする不動堂が建てられた。ここには近隣の岩井川や、南京終町《みなみきょうばてちょう》福寺池《ふくでらいけ》などに散在していた石造物が運び込まれ、まとめて安置されることになった。ところが約70年たった平成14年（2002）、工場を経営する会社の変更に伴い不動堂が撤去される。そして行き場を失った石造物は元興寺に託さ

境内駐車場南に並べられた石造物たち

六字名号碑

石仏や名号碑など様々なものがある

れ、安住の地を得た。現在も南肘塚町周辺の方々を迎えて毎年7月28日には供養を行っている。

　これらの石造物は室町時代から江戸時代のものが大半で、故人の供養を願った石仏や供養碑が中心であるが、なかには興味深いものも見られる。「南無阿弥陀仏」と書かれた六字《ろくじ》名号《みょうごう》碑《ひ》は、天正《てんしょう》7年（1579）に52人の講衆《こうしゅう》と呼ばれる念仏供養の寄合によって作られたもので、戦国時代の奈良にこうした宗教組織が町単位でできていたことがわかる。また、慶応《けいおう》4年（1868）の大峰山《おおみねさん》登《と》拝《はい》碑《ひ》は、奥《おく》田屋平蔵《だやへいぞう》という人物が大峰山に50回登って参拝した記念碑である。いずれもかつての信仰のあり方を知る貴重な資料である。

　このように元興寺には参拝者だけでなく多彩な信仰資料も集まってくるのである。

（佐藤亜聖）

11 ならまちと元興寺

東大寺大仏殿に驚愕《きょうがく》、興福寺阿修羅像《あしゅらぞう》に感嘆。そして法隆寺、唐招提寺、薬師寺へ…。かつてこれが奈良観光の定番だった。しかし、平成10年（1998）、元興寺が「古都奈良の文化財」の一つとして世界文化遺産に登録されると、周辺の街並みはそのバッファーゾーンとして位置づけられ、*「ならまち」として新たな奈良の名所となったのである。しかし、この「ならまち」の大部分がかつて元興寺の境内地《けいだいち》であったことは意外と知られていない。ここでは古代元興寺から「ならまち」の成立までを簡単に眺めてみよう。

古代元興寺の伽藍《がらん》については、おおよそP.69の図のように推定されている。残念ながら、古代元興寺の伽藍を知る遺構はほとんどわかっていない。元興寺禅室の建物や、塔跡基壇とそこから見つかった*鎮壇具《ちんだんぐ》、各所に残る礎石（P.30参照）がかつての巨大寺院の片鱗《へんりん》をうかがわせるが、大伽藍は今では「ならまち」の下に埋もれてしまい、その姿を偲ぶべくもない。

平安時代、長元《ちょうげん》8年（1035）の*『堂舎損色帳《どうしゃそんしょくちょう》』には金堂や講堂《こうどう》の天井が朽《く》ちて雨漏りし、回廊《かいろう》の瓦は落ち、僧坊《そうぼう》の一部などは建物がなくなり大木が生えてい

＊ならまち
もともと近世になって使用される「奈良町」という用語が起源。奈良市が「奈良町都市景観形成地区」として指定し、古風な街並みが残る奈良南部の景観を保護している。

＊鎮壇具　P.12参照。

＊堂舎損色帳
東大寺東南院に伝わっていた古文書。南都の大寺を修理するため破損個所の状況を記したもの。

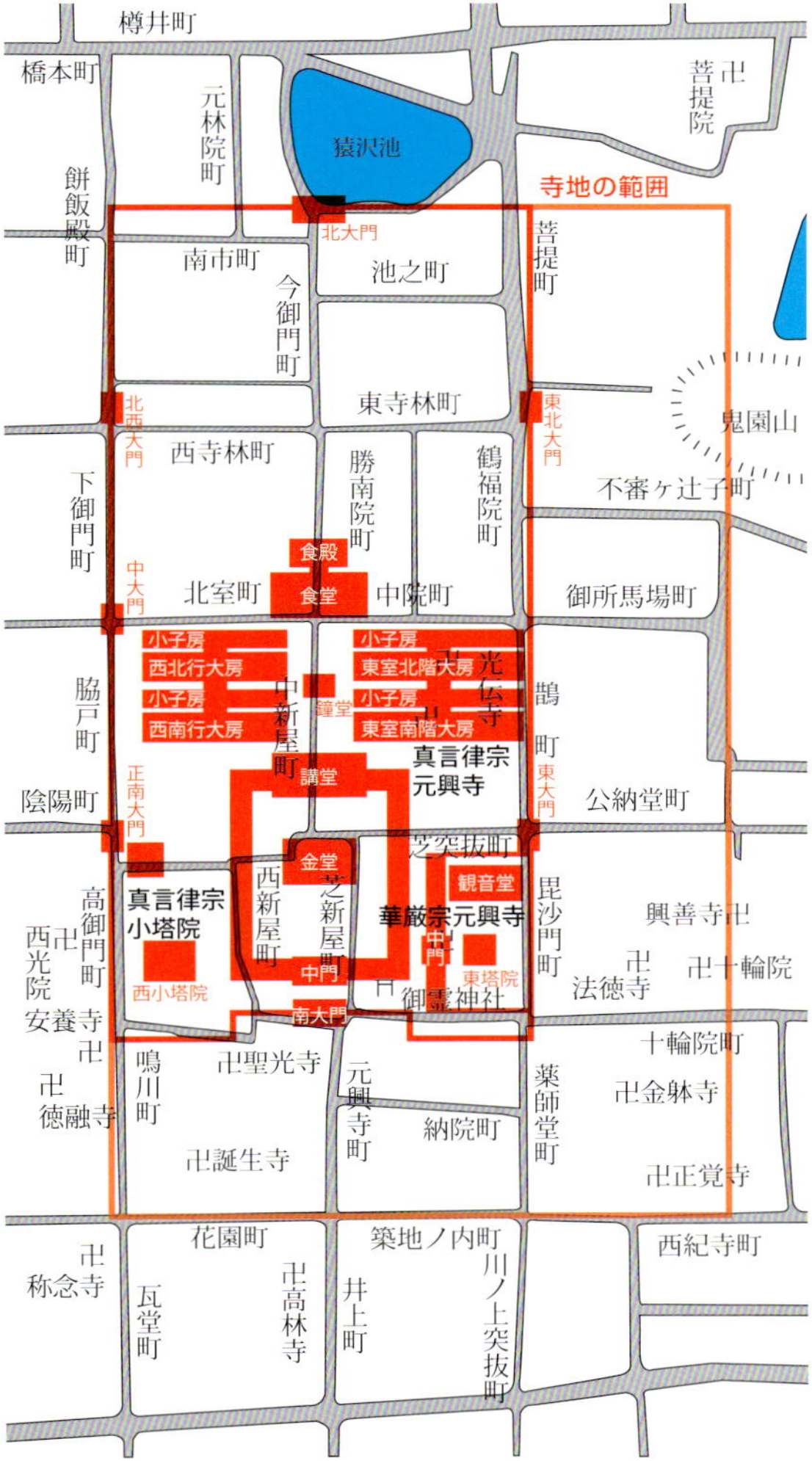

元興寺伽藍復元図と旧寺地内部にできた町

る有様だったことが書かれている。平安時代になると国の財政援助がなくなり、古代から続く寺院の多くが消滅していったが、元興寺も例にもれず困窮《こんきゅう》していたようだ。しかしこれで元興寺が「ならまち」になってしまったわけではない。もちろん早い時期に建物が失われた食堂《じきどう》以北や南大門以南、西僧坊は町になってしまったが、元興寺中枢部《ちゅうすうぶ》はその後も存続し、鎌倉時代には極楽坊が改築されるだけでなく、小塔院《しょうとういん》や中門堂《ちゅうもんどう》などにも僧が住持し、多くの信仰を集めていた。

大きな転換は宝徳《ほうとく》3年（1451）である。この年の10月、興福寺に＊徳政令《とくせいれい》を求めて蜂起《ほうき》した大和の人々が元興寺周辺になだれ込み、民家に放火した（宝徳の土《ど》一揆《いっき》）。この時、折悪く強風が吹き、元興寺金堂、小塔

＊徳政令
災害時や為政者の代替わりを機会に債務免除などを命じたもの。

院が全焼してしまった。従来この放火によって元興寺がなくなり、町になったと考えられていたが、その後も南大門で＊猿楽《さるがく》が行われるなど、元興寺の伽藍は何とか維持されていたようだ。とすると、いったい何時《いつ》「ならまち」は出来上がったのだろうか。

江戸時代の初め、奈良の町をくまなく歩き、その歴史を調べた＊村井古道《むらいこどう》（無明園古道《むみょうえんこどう》）が著した『奈良坊目《ならぼうもく》拙解《せっかい》』には、中新屋町や西新屋町など「新屋」と呼ばれる町の大半が永禄《えいろく》から天正《てんしょう》年間（１５７３〜９２）ごろ元興寺伽藍内に成立したと記載されている。どうも元興寺伽藍内に町ができたのは戦国時代も終わりに近づいたころのことのようだ。このことを裏付けるのが発掘調査の成果だ。元興寺旧境内は重要な遺跡として保護され、毎年多くの発掘調査が行われている。旧境内の発掘調査では井戸や柱穴、ごみ穴などたくさんの遺構が見つかっているが、１５５０年代より前の遺構は極端に少なく、かわりに１５５０年以降になると井戸や柱穴など人の生活痕跡が見つかるようになる。町屋街化を決定づけたのは

ならまち発掘調査風景

＊猿楽
平安時代に形成された舞踊を起源として、室町時代に完成された伝統芸能。

＊村井古道
（１６８１〜１７４９）
奈良生まれの文化人。20代のころより多くの作品を著し、奈良の町の成り立ちを研究した『奈良坊目拙解』（１７３５年完成）は、科学的・客観的な姿勢で地域史をまとめた白眉の一書。

元興寺の建物礎石を片付けてしまったことである。元興寺伽藍内では、これまで講堂、鐘楼《しょうろう》、金堂の礎石を穴の中に落とし込んで埋めてしまった痕跡が見つかっている。これは古代の元興寺を完全に否定してしまう行為で、これこそ「ならまち」の完成を象徴するものであるが、そのいずれもが１６００年代初めに行われているのである。戦国時代後半から元興寺中枢部が町になり始め、江戸時代に入ると急速に都市開発が進むようになるのだが、その背景は、織田・豊臣政権が奈良に進駐《しんちゅう》することを契機に、それまで元興寺を支えてきた古い権威《けんい》が奪われてゆき、江戸幕府の成立でこれが決定的になったというところではないだろうか。

古い街並みが残る「ならまち」であるが、歴史を繙《ひもと》くと実は奈良では意外に新しい街であったという事実が見えてくるのである。

（佐藤亜聖）

最近のならまち

コラム

元興寺の三大桜

元興寺旧伽藍には隠れた桜の名所がある。一つは元興寺影向《ようごう》桜。国宝禅室に桜花舞い散る姿は、まさにいにしえの春を彷彿させてくれる。次に塔跡の桜である。巨大な礎石の無骨さと桜のたおやかさは、古都の雅を余すことなく示している。最後は小塔院の桜である。小塔院の桜は知る人ぞ知る名所。護命僧正の石塔（P.83参照）とあわせてご覧いただきたい。

これらの桜はそれぞれ微妙に色合いが異なり、また年ごとに違った色彩が楽しめる。ぜひ見比べていただきたい。

（佐藤亜聖）

元興寺影向桜

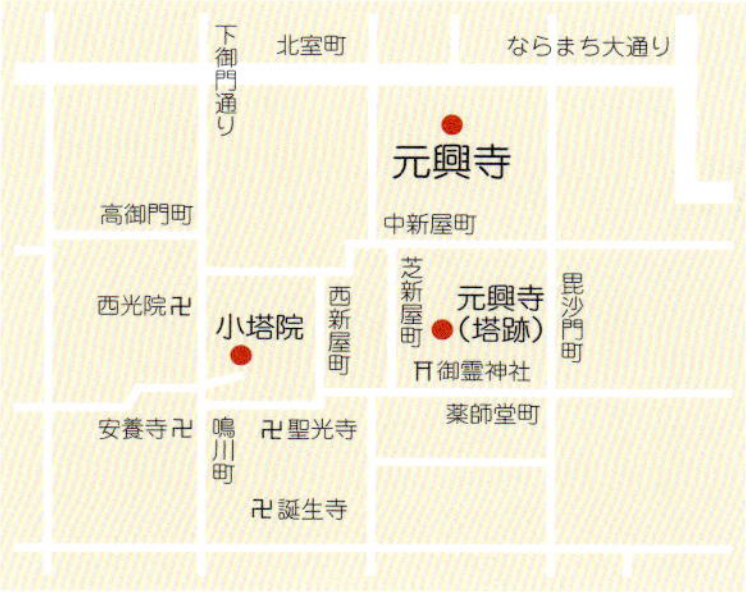

下御門通り
北室町
ならまち大通り
元興寺
高御門町
中新屋町
西光院卍
小塔院
西新屋町
芝新屋町
元興寺（塔跡）
毘沙門町
⛩御霊神社
安養寺卍
鳴川町
卍聖光寺
薬師堂町
卍誕生寺

元興寺

塔跡の桜

小塔院の桜

12 ガゴゼの不思議

元興寺に伝わるもののけに、「元興寺」「元興神」と記して「ガゴジ」「ガゴゼ」と呼ばれるものがある。「ガゴゼ」とは鬼や妖怪を意味するものである。一見、妖怪とは無関係のように思われる寺院に、なぜ鬼や妖怪の伝承が伝えられることとなったのだろうか。その謎を繙《ひもと》いてみたい。

ガゴゼは平安時代初期の仏教説話集《ぶっきょうせつわしゅう》*『日本霊異記《にほんりょういき》』に見える*道場法師《どうじょうほうし》の鬼退治説話中の、法師の形相が原型とされる。『日本霊異記』には道場法師の鬼退治として、次のような説話が記されている。

敏達《びだつ》天皇の時代、ある農夫の元に子どもの姿の雷神《らいじん》が落ちてきた。雷神は自分の願いを叶えてくれるならば子を授けようというので、農夫は雷神のいうとおりにし、雷神は再び天に帰っていった。数か月後に農夫は一人の子どもを授かる。この子どもは成長するに従い怪力を持つようになり、やがて元興寺の童子（後の道場法師）となった。

ある時、寺の鐘楼《しょうろう》に人食い鬼が出るというので、童子はその鬼の退治を申し出た。真夜中、童子は現れた鬼と闘う。闘いは夜明けまで続き、鬼は頭髪を引き剥《は》

＊日本霊異記
正式名を『日本国現報善悪霊異記』といい、9世紀初め弘仁年間（810～824）の成立で、著者は、薬師寺僧の景戒。日本で最初の仏教説話集で、仏教に関する異聞・奇伝を描いた短編物語が、全部で112編集められている。

＊道場法師
『日本霊異記』によると、尾張国愛知郡出身の僧とされるが、その実在性は詳らかでない。名古屋市内にあったとされる尾張元興寺の開基ともされている。

がされたものの逃げ去った。童子は鬼の後を追いかけるが、辻子《ずし》で見失った。故にこの辻子を不審ヶ辻子《ふしんがずし》（俗に「ふりがんずし」）と呼ぶようになった。この後に鬼髪《きはつ》は元興寺の寺宝となったという。しかしながら、時の流れのなかでこの鬼髪は失われてしまったようで、現在は伝わっていない。

元興寺では、鬼を退治した道場法師は農耕を助け鬼を退治し仏法を興隆《こうりゅう》した鬼神《きしん》を象徴《しょうちょう》していると考えるようになった。つまりこれは、説話の中の鬼退治がクローズアップされ、＊唱導師《しょうどうし》が解釈を加えて、鬼事《おにごと》（春を迎える行い）と結び付けられていったのであろう。

一方でこの説話以前より、ガゴゼ伝承はあったとの説もある。全国には古くから「ガゴゼに噛ますぞ」という、悪さをする子どもを脅す言葉がある。これは、西日本の広い範囲では妖怪のことを「ガゴ」「ガゴゼ」などといい、口を大きく開けて「咬もうぞ」といいつつ出現したことに起因するという。鬼ごっこの古い型である「ベカコ」「ベッカンコ」は、メカゴー（目掻《めか》う）あるいは目赤子《めあかご》が語源である。これは「ベッガンゴ」から変化したものかもしれない。いずれにせよ、古くから目に見えない畏怖《いふ》の対象をガゴゼとも呼んでいたことは確かである。

童子が鬼を見失ったとされる不審ヶ辻子が今もならまちに残る

＊唱導師
説経をして人々を仏道に導く人のこと。

道場法師一
面龍雷五魂
八雷變相惡
魔降伏神像

（二十三）文禄《ブンロク》慶長《ケイチヤウ》の比《コロ》盛《サカン》に行はれし一節切《ヒトヨギリ》尺八《シヤクハチ》といふものあり今《イマ》はふくかみまれなること按《アン》ずるに羅山文集《ラサンブンシフ》巻十九 元和九年作

唐《トウノ》太《タイ》宗《ソウ》貞観《ヂヤウグワン》年中《ネンヂウ》有《アリ》起《キ》居《キヨ》郎《ロウ》呂《リヨ》才《サイ》者《トイフモノ》善《ヨク》知《シリ》音《イン》律《リツヲ》依《ヨツテ》破《ハ》陣《ヂン》樂《ラク》舞《ブノ》圖《ヅニ》教《オシヘ》樂《ガク》工《コウ》百二十人被《ラレ》執《トリ》甲《カウヲ》執《トリテ》戟《ゲキヲ》而習《ナラハセ》之《コレヲ》以《モツテ》寓《グウス》偏《ヘン》伍《ゴ》魚《ギヨ》麗《リ》之《ノ》兵《ヘイ》法《ハウニ》

大田南畝『南畝莠言』第4巻に描かれた元興神

元興寺では道場法師が鬼を退治した時の形相《ぎょうそう》を、元興神（ガゴゼ）、八雷神（やおいかづちのかみ）と称している。この形相は次第に『日本霊異記』にある元興寺の宝物たる鬼髪の代わりに、寺のシンボルとなっていった。塔跡には八雷神面《はちらいじんめん》が伝えられている。江戸時代後期には、この面をあしらった護符《ごふ》が配られ、＊大田南《おおたなん》畝《ぽ》の『南畝莠言《なんぽゆうげん》』（1817）にもその護符が掲載《けいさい》されているほどのインパクトがあったようだ。同じく江戸時代後期に流行した妖怪画の代表作である、＊鳥山石燕《とりやませきえん》の『百鬼夜行《ひゃっきやぎょう》』にもガゴゼ（元興寺）が登場している。この妖怪は、寺院風の建物の中から、布状のものを被り鋭い眼光を光らせている様子が描かれている。髪が描かれていないのは、先の『日本霊異記』にあるように、髪が引き抜かれてしまった様を表しているのだろうか。

いずれにせよ、江戸時代の終わりには、「元興寺」＝「ガゴゼ」という図式が完成し、文字上も視覚的にも広く全国的に知られるようになっていたことが窺《うかが》い知れるだろう。

近代に入るころから忘れ去られた感のあったガゴゼではあるが、引き続きその姿は絵や絵葉書になるなど、元興寺とガゴゼのアピールに一役買ったようである。また、元興寺では昭和20年代に、様々なイメージの木製ガゴゼが考案されたりもした。このような経緯を経て、ガゴゼは現在、元興寺のシンボルマークとなっているのである。

（角南聡一郎）

＊大田南畝
（1749〜1823）
江戸時代中・後期の戯作者・文人。名を覃、字子耜、通称直次郎、七左衛門といった。四方赤良、山手馬鹿人、蜀山人、杏花園、寝惚先生など多くの別号を用いた。

＊鳥山石燕
（1712〜88）
江戸時代中期の絵師。狩野派の門人として絵を学び、喜多川歌麿の師匠でもある。安永《あんえい》5年（1776）に刊行された『画図百鬼夜行』は妖怪画集として著名である。

交通安全祈願のステッカーとなったガゴゼ

13 元興寺を愛した芸術家たち
―須田剋太・杉本健吉・棟方志功ら―

元興寺には宗教者だけでなく多くの文化人、芸術家が集まった。昭和21年（1946）4月21日、東大寺塔頭《たっちゅう》観音院《かんのんいん》住職の上司海雲《かみつかさかいうん》を中心にして、作家・*志賀直哉《しがなおや》、歌人・*会津八一《あいづやいち》、文芸評論家・*亀井勝一郎《かめいかついちろう》、小説家・*広津和郎《ひろつかずお》、写真家・*入江泰吉《いりえたいきち》、画家・須田剋太《すだこくた》、画家・杉本健吉《すぎもとけんきち》らが集まり、月一度志賀を囲んで開かれる「天平乃会《てんぴょうのかい》」が発足した。昭和22年（1947）3月には会誌『天平』が創刊される。この雑誌は会津が題字、表紙、カットが杉本、写真は入江、内容は、志賀の随筆、*吉井勇《よしいいさむ》の短歌、*池田小菊《いけだこぎく》の小説など充実したものであったが、経済事情もあって、残念ながら3号までしか発行されなかった。

この天平乃会に、元興寺中興・辻村泰圓《つじむらたいえん》が参加したことが縁となって、元興寺と須田剋太、杉本健吉らとの交流が始まった。須田は埼玉県吹上町（現鴻巣市《こうのすし》）生まれの洋画家、杉本は名古屋市生まれの洋画家、イラストレーター、グラフィックデザイナーである。須田も杉本も戦時中より奈良に魅《み》せられて、しばしば訪れるようになり、元興寺で毎年8月23日・24日に開催される地蔵会《じぞうえ》や、毎年2月3日に開催される節分会《せつぶんえ》に作

*志賀直哉（1883～1971）
小説家。宮城県生まれで、東京帝国大学中退の後、武者小路実篤らと『白樺』を創刊した。

*会津八一（1881～1956）
歌人、書家、美術史家。新潟県生まれで、秋艸道人《しゅうそうどうじん》、渾斎《こんさい》の号も用いた。

*亀井勝一郎（1907～66）
評論家。北海道生まれで、初めプロレタリア文学の理論家として活躍、のち、転向して日本浪曼派に属し、仏教思想・日本古典に傾倒、文明批評で活躍した。

禅室内に並べられた須田剋太の大衝立（通常非公開）

品を奉納して、幾度も足を運んだという。

元興寺地蔵会では、地蔵尊供養の法要が行われるが、この際に本堂内には各界の著名人から奉納された行燈《あんどん》が並べられる。昭和31年（1956）に須田・杉本は、それぞれ地蔵会行燈絵揮毫《きごう》の発起人の一人となり、以後毎年行燈絵を奉納した。昭和62年（1987）に須田は、禅室に置かれている大衝立《おおついたて》に12面の書画を遺《のこ》した。

平成9年（1997）4月には、奈良市に万葉歌碑《まんようかひ》を建てる会によって、「白珠は　人に知らえず　知らずともよし　知らずとも　吾れし知れらば　知らずともよし」という『万葉集《まんようしゅう》』巻6所収の元興寺僧が読んだ

杉本健吉が描いた元興神をモチーフにした絵馬

＊広津和郎（1891〜1968）
大正時代から昭和時代の小説家、評論家。志賀直哉らとも親しく、昭和17年（1942）前後より奈良へ通うようになる。

＊入江泰吉（1905〜92）
昭和時代の写真家。奈良市生まれで、大和をフィールドとして風景や仏像を対象とした優れた作品を生み出した。

＊吉井勇（1886〜1960）
耽美派の歌人、作家。東京生まれで、北原白秋らとともに「パンの会」を結成し、耽美派の主流をなした。

＊池田小菊（1892〜1967）
昭和時代の小説家。和歌山県出身で、志賀直哉に師事し、小学校教諭をしながら文芸活動を行う。

歌碑が元興寺境内に建立された。この歌碑の揮毫《きごう》は杉本によるものである。

地蔵会では地蔵菩薩立像の護符《ごふ》が配られる。この中で、特に著名なのは、辻村泰圓が上司《かみつかさ》を通じて知遇《ちぐう》を得た*棟方志功《むなかたしこう》が、昭和38年（1963）に元興寺地蔵会のために製作したものである。棟方はガゴゼにちなんだ「鬼」の書も残している。棟方のような民芸運動に関わった芸術家が、元興寺に遺された庶民信仰資料に感銘を受け、作品を奉納したのはごく自然ななりゆきであった。

須田・杉本・棟方という著名な芸術家は、元興寺の伝統に魅せられ、同時にその素朴さを愛するようになったのである。そして、作品は伝統的な年中行事の中で奉納という形をとって元興寺へと寄贈された。このような人々の元興寺の「発見」は、創作活動を通じて全国的にも広く知られるようになった。こうした活動はまさに元興寺復興に一役買ったのであった。

（角南聡一郎）

棟方志功「地蔵会御影」

＊棟方志功（1903〜75）
青森市出身の世界的な板画家。

14 ならまちの伝承

周知のように、現在の「ならまち」のほとんどは、元興寺の境内であった場所である(P.68・カバー袖参照)。「ならまち」の伝承には、元興寺と関わるものも少なくない。基本的に「ならまち」という場所に関わる伝承は、つまりが元興寺であったという記憶に繋《つな》がるものという認識に立ったものであろう。ここでは、その中からいくつかを紹介してみたい。

(1) 啼《な》き燈籠《とうろう》

啼き燈籠（塔跡）

元興寺の境内に、延元《えんげん》年間（１３３６〜４０）に造立の石燈籠があった。江戸時代・延享《えんきょう》年間（１７４４〜４８）に京都のある者が、これを請い受けて京都に持ち帰った。しかし、この燈籠は夜毎に南都の方角を向いて、「帰りたい、帰りたい」と啼くので、気味が悪くなって再び元興寺に返した。この燈籠は一時期、奈良帝室《ならていしつ》博物館《はくぶつかん》（現奈良国立博物館）の庭に置かれていたが、現在は塔跡境内にある。ただし燈籠には、正嘉《しょうか》元年（１２５７）の銘があり、伝承とは齟齬《そご》をきたす。

（2）＊護命《ごみょう》僧正にまつわる伝承

特に護命にまつわる伝承は多い。法相宗の僧侶・護命は15歳で元興寺の＊万耀《ばんよう》・＊勝悟《しょうご》に法相を学び、19歳で唐招提寺において唐僧＊法進《ほっしん》から受戒。元興寺小塔院にて85歳で没した。元興寺と関係した僧侶の中でも護命に関する伝承の多さは群を抜いており、護命は知名度が高かったことが窺《うかが》える。

小塔院にある護命僧正の供養塔

＊**護命**（７５０〜８３４）
美濃国各務原《かかみがはら》の人。俗性は秦《はた》氏である。P.72参照。

＊**万耀**（生没年未詳）
元興寺の大法師。「まんよう」とも読む。満耀とも表記される。

＊**勝悟**（７３２〜８１１）
勝虞《しょうぐ》とも称する。奈良時代から平安時代前期の法相宗僧。行基、尊応に師事し、元興寺で修行した。延暦《えんりゃく》25年（８０６）大僧都となる。

＊**法進**（７０９〜７７８）
奈良時代、鑑真和上に同行して唐から渡来した僧。天平宝字《てんぴょうほうじ》7年（７６３）東大寺戒壇院初代戒和上となる。

（3）法論味噌《ほろみそ》

＊橘成季《たちばななりすえ》の『古今著聞集《ここんちょもんじゅう》』（1254）には、南都の僧の持参した土産として飛鳥《あすか》味噌が記されている。これは焼き味噌に胡麻・麻の実・胡桃・山椒などを切りまぜて乾燥させた味噌のことであり、護命味噌とも呼ばれる。このように呼ばれるのは、元興寺の別名である飛鳥寺の産物だからとか、飛鳥川のほとりだからなどといわれる。この味噌は護命が初めて作って法論の間に粥《かゆ》に添えて出したとの伝承がある。

＊喜多村信節《きたむらしんせつ》の『嬉遊笑覧《きゆうしょうらん》』（1830）にも、「鹽尻《しおじり》に法論みそ、もと南都の製なり、興福寺維摩會《ゆいまえ》十月法論日をわたる、講師等小水（小便）のために、座をしりぞく事をうしとして、＊黒豆豉《くろとうち》を食ふ故に、法論みその名ありとかやといへり、本草にも豆豉は＊血痢《けつり》などを治すことは見えたれど、小水を截《すす》むることは聞えず、此功ある事をしらざりしとみゆ」とあり、興福寺において維摩会の法論（仏教義の討論）の時に法師が食したのに始まるとされる。

古代中国の＊醤《ひしお》が飛鳥時代に中国から朝鮮半島を経て日本へと伝来したという説、味噌は代表的な精進《しょうじん》料理《りょうり》の一つであることなどが、後世に僧侶が作ったという説話を生んだのではなかろうか。

（4）蛙の鳴かないところ

＊高田十郎《たかだじゅうろう》編の『大和の伝説』（1933）には、「蛙《かわず》の鳴かないところ」というテーマで類話が紹介されてい

＊橘成季（生没年未詳）
鎌倉時代の説話集編者。伊賀守。琵琶を藤原孝時から伝授されたほか、漢詩文・和歌をよくした。

＊喜多村信節（1783〜1856）
江戸時代後期の国学者・考証学者。江戸の人。

＊黒豆豉
黒豆に塩を加えて発酵させて、水分を減らした食品。

＊血痢
赤痢の別称。

＊醤
大豆と小麦で作った麹に食塩水をまぜて造る味噌に似た食品。なめ味噌にしたり調味料にしたりする。

＊高田十郎（1881〜1952）
早稲田大学歴史地理科卒業。奈良県立師範学校教諭を経て、同県庁観光課の嘱託となり、県内の歴史、地理、地名文化の研究に専念した。

る。

其一、鳴かず川（奈良市高畑町）以下は、『大和の伝説』所収の奈良県下の事例である。

奈良市街地の東南部、＊奈良聯隊區《れんたいく》司令部の北側を、西に流れ下る小川を「鳴かず川」という。昔、吉備眞備《きびのまきび》が、此川の辺りで勉学していた頃、蛙の声が邪魔になるので、神佛を念じて一首の歌を詠むと、忽《たちま》ち其声が止り、下流数丁の所から又鳴声を立てた。「なかず川」とは是から起こった名で、下流のことは「なる川」と呼んだ。今の奈良市鳴川町《なるかわちょう》の所である。

奈良市の南部に鳴川町というのがある。昔、護命僧都《そうず》が、元興寺の小塔院に住んでいた頃、毎夜、寺の前の川で、蛙の声が喧《やかま》しく、お経を読む邪魔になるので、まぢなひをして蛙の鳴声を止めた。それで不鳴「なかず」川と呼ばれていたのだが、いつの間にか今の鳴川とかはって来たと云う。

このような「蛙の鳴かないところ」説話は、全国的に分布しており、弘法大師伝承など貴人との関係で伝承されている。ならまちの場合は、蛙の声を止めた優れた人物が、護命として語られていったのであろう。

（角南聡一郎）

＊奈良聯隊區司令部
奈良県全域を管轄した奈良連隊の司令部。現在は奈良教育大学敷地となっている。

鳴川付近（谷底にあたる中央付近の地下を鳴川が流れている）

15 人類の財産を未来に遺す 元興寺文化財研究所

（1）研究所の歴史

昭和18年（1943）から36年（1961）まで行われた元興寺禅室・極楽堂などの解体修理と防災工事に伴う発掘調査で約10万点に及ぶ中世の庶民信仰資料が発見された。その性格解明と資料を後世に長く伝えるための保存処理を目的として、昭和36年に研究所の前身となる中世《ちゅうせい》庶民《しょみん》信仰《しんこう》資料《しりょう》調査室《ちょうさしつ》を立ち上げた。その後、関連資料の調査研究を進めながら、＊出土品の保存処理と文化財に関わる様々な研究を行う民間の機関として、昭和42年（1967）に文化財保護委員会（現文化庁）から「財団《ざいだん》法人《ほうじん》元興寺《がんごうじ》仏教《ぶっきょう》民俗《みんぞく》資料《しりょう》研究所《けんきゅうしょ》」との認可を受けた。さらに、発掘調査の増加に伴って全国各地から発見される埋蔵文化財や民俗文化財の保存処理を受託できる機関として整備され、昭和50年（1975）に生駒市の大乗瀧寺《だいじょうりゅうじ》境内に保存科学センターを新設した。昭和53年（1978）には文化財全般の保存処理や調査・研究に対応するため、法人名を「財団《ざいだん》法人《ほうじん》元興寺《がんごうじ》文化財《ぶんかざい》研究所《けんきゅうしょ》」と改名した。さらに平成25年（2013）公益財団法人として認定され、より公益性の高い事業展開を進めている。

＊出土品の保存処理
土の中から出てきた資料は環境の変化により劣化が進行し、放っておくと崩壊することが多い。そのため薬品などを使って科学的な処置をとり、博物館で展示などができる安定な状態にすること。

総合文化財センター外観

平成29年、奈良市南肘塚町に総合文化財センターを開設、現在は、人文・考古学的な調査研究はもとより、保存科学分野では埋蔵文化財のみならず、民俗文化財、古文書などの記録資料、絵馬《えま》や建造物などの彩色資料、仏像、石造品など幅広く保存処理・修復を手掛け、*三次元レーザー計測技術の開発やX線CT装置の導入など、文化財の総合的な研究所として発展している。

(2) 様々な文化財に対応できる研究所

研究所は現在、人文、考古学、保存科学などの担当が、それぞれの専門性を活かし、様々な文化財に対応できるように組織されている。

*三ツ塚古墳出土の修羅（重要文化財）の保存処理後の状態調査

*三次元レーザー計測

***三次元レーザー計測**
遺跡や遺構、出土品や仏像・石造品などの有形文化財をレーザー三次元計測によりデジタル保存する。その成果を研究に応用し、レプリカ・安定台などの製作により展示や公開に活用する。

***三ツ塚古墳**
大阪府藤井寺市に所在する八島塚古墳、中山塚古墳、助太山古墳の三基の古墳を一括して呼ぶ通称。これらは周濠を共有しており、そこから修羅が出土した。

*出雲大社境内の発掘調査で出土した心御柱のクリーニング作業

人文科学の分野では寺院や神社に残された絵画・彫刻をはじめ美術工芸品、経典・古文書・*版木《はんぎ》・位牌《いはい》や生活用具などの様々な民俗資料などについて、総合的に調査・整理を行っている。

また、考古学の分野では様々な科学分析を交えた遺跡の発掘調査、出土した遺物の整理作業を行い、その結果を報告書という形で公開しているほか、石造物の調査も行っている。また、博物館で開催される展覧会において、その展示や輸送を担っている。

さらに、人文科学と自然科学の学際的な領域である保存科学の分野では、様々な材質や状態に応じて最適な方法を選択し、保存処理・修理をしてその方法の研究を行っている。これに留まらず、活動範囲は調査や分析、さらに保存処理・修復後の環境管理や*模造品・レプリカの作製を通しての展示活用などにも及んでいる。対象とする文化財はいずれもそのまま放置すると劣化し、崩れ、消失するものばかりである。特に最近は劣化の進んだもの、様々な材質が組み合わさった複合品など、保存処理の難しい資料への対応が増えている。また、国宝や重要文化財など指定品も増加してい

*版木
経典などを印刷するため文字や絵を彫った板。

*重要文化財「出雲大社境内遺跡出土心御柱」
平成12〜14年の出雲大社境内の発掘に伴って出土した三本の柱材。写真は直径1・4m、高さ1・18mのスギ材。平成22年に重要文化財に指定された。

*模造品・レプリカ
資料の材質や技法を調査・分析し、同じ材質、技法で製作当初の形状を再現したものが模造品。現状を合成樹脂などで再現したものをレプリカという。

る。これらに対応するためには、より質の高い保存処理・修復・研究を行っていく必要がある。

(3) 文化財を護り伝えるために

元興寺で発見された資料の研究から始まった研究所には、現在では日本全国からの発掘調査や、様々な文化財の人文科学的あるいは自然科学的な調査や分析、さらに保存処理、修復などの依頼がくる。また、最近は日本だけでなく*海外からの依頼も増えてきた。文化財を取り巻く様々な要求に答えるため、研究を重ね、新しい知識や技術を導入し、精度の向上を図っている。しかし、修理してもその時点からまた文化財そのものや修復材料の劣化が始まるため、文化財を護っていく仕事には終わりが無い。今後も一点ずつ状態の異なる貴重な文化財を後世に長く護り伝えるために努力を続けていきたい。

(植田直見)

*海外からの依頼(一例)

- アンコール・トム・バイヨン寺院経蔵出土、鎮壇具の調査、保存処理
- エジプト第二の太陽の船部材の調査、分析

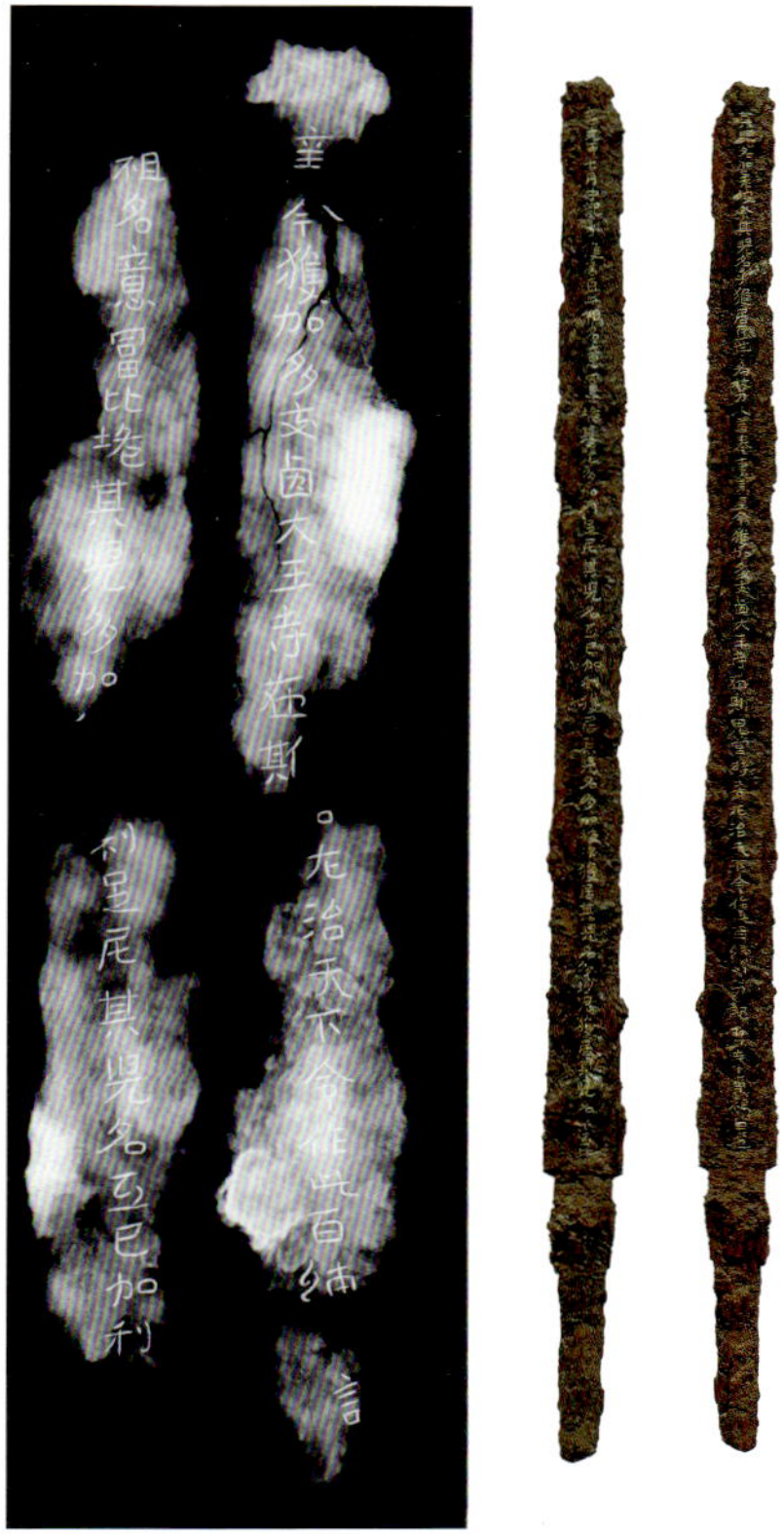

国宝稲荷山鉄剣(右)、同X線写真(左)

住職の法話

辻村泰善

元興寺が伝える仏の教え

元興寺は古代寺院の伝統を持っています。すなわち、「篤《あつ》く三宝《さんぽう》を敬《うやま》い、和を以って貴《とうと》しとなす」の精神です。聖徳太子の御言葉として有名なものです。

三宝とは、「歴史的・奇跡的な仏様の存在（佛）」と「仏様が解き明かされた真理（法）」「佛法を学び伝える集団（僧）」のことです。これらが備わっていないと寺院になりません。仏教とはいえません。

三宝を象徴したのが「仏像」「経典」「教団」です。さらに、具体的には「塔・金堂」・「講堂・経蔵」・「僧坊・食堂」を持つ伽藍《がらん》となります。つまり、伽藍仏教（今日の大学やキリスト教の修道院など）が基本でありました。
伽藍での生活は、戒律《かいりつ》（きまり）により規則正しく集団活動し、経典の読誦《どくじゅ》や仏様への作法を学び、個人の能力を競っていたのです。しかし、経典の中身は、三蔵《さんぞう》（経《きょう》・律《りつ》・論《ろん》）に分かれていて、それぞれ奥深く研究されていきます。そのグループ分けが「宗《しゅう》」となります。

元興寺は、伝統として三論宗《さんろんしゅう》と法相宗《ほっそうしゅう》が伝わっていたといいます。いずれも論宗であり、インドの大乗仏教の根本的教えを基に、中国で確立されたものです。日本でも仏教を理解し、体得するためには必要不可欠な考え方でした。いまも、「般若心経《はんにゃしんぎょう》」を読経したり、写経したりする人が多いのでおわかりでしょう。

さて、経典の理解はどのような成果を生むのでしょうか。漢字の意味を伝えることからその真実を伝えることは、自身が他者に真意を伝えることが困難なように、難しいものです。学問僧として出世していくだけでは、理解した事にはなりません。自身が声聞《しょうもん》（仏の教えを聞いて悟る）・独覚《どっかく》（一人静かに悟りを開く）・菩薩《ぼさつ》（生死を超越した仏の境地）の位に至り、見事に仏の世界に入ることこそ重要でしょう。

仏と成るとか、仏の世界を観るとか、仏の世界に入るということが重要な問題であり、信仰の世界、実践の世界が大切であるという気運が高まっていきました。「生・老・病・死」の自分ではなんともし難い世界の中で、過去・現在・未来をいかに考え、対処していくのが良いのか？　元興寺の智光法師《ちこうほうし》が探究し、信仰して、曼荼羅《まんだら》を遺された背景がわかります。

平安時代、伝教大師最澄《でんぎょうだいしさいちょう》、弘法大師空海《こうぼうだいしくうかい》という二人の偉大な宗教者は当時の中国最新の仏教を取り入れ、日本に適合したものとして「天台宗」「真言宗」を確立しました。南都（奈良）では主に真言宗の仏教世界観、お作法が浸透しました。元興寺は、真言宗の影響を多大にうけ、空海との深い絆がありました。弘法大師空海の曼荼羅の世界観は、インド・中国・日本へと伝わり、日本的に完成されたのでしょう。今も元興寺は、真言律宗《しんごんりっしゅう》に属しています。

真言律宗は、鎌倉時代に戒律復興《かいりつふっこう》と古寺再興を担った興正菩薩叡《こうしょうぼさつえい》尊《そん》を宗祖とする真言宗ですが、南都仏教の律宗を合わせ尊ぶ宗派でもあります。ある意味で、原点復帰の仏教を目指し、仏教社会福祉を展開した宗派という事ができるでしょう。興正菩薩は『興法利生《こうぼうりしょう》』を唱え、仏法を興すことは（が）衆生を利益する事だといわれました。

元興寺は古代の国家寺院の僧坊を伝える稀有《けう》な存在ですが、僧坊は僧侶が起居するだけでなく、学問をし、観想（瞑想）をする空間でした。それが、中世以降は真言律の道場となり、庶民に開かれた極楽浄土を体験できる聖地になったのでした。

この事は、当寺の再興事業・文化財保護事業によって明らかにされました。そこで、文化財研究所を設立して、各地の各種文化財の保存と研究を行っています。日本人の精神史を物によって補強し、今後に伝えていかねばと願っています。

現在の元興寺は文化財保護と縁の気づきの空間を目指します。

歴代の祖師方は、我々は御仏の光に満たされ、生かされ、永遠の命を相続しているのだと諭《さと》されます。しかし、気づかない事が多いのではないでしょうか。自身の周辺にあるものの存在や、自分の心を見直す機会を持ちたいものです。そして、生きぬく力を頂き、共に菩薩や仏に近づこうではありませんか。

元興寺 主要年表

西暦	和暦	主な法興寺・元興寺関係事項	国内周辺事項
588	崇峻元	蘇我馬子が飛鳥に法興寺の工を起こす	仏教公伝（538）
593	推古元	法興寺に塔を建て仏舎利を納入する	聖徳太子十七条憲法を定める（604）
596	4	法興寺塔が完成する	
645	大化元	法興寺が中大兄皇子方の陣になる	乙巳の変（645）
680	天武9	法興寺を特に官寺に準ずる	壬申の乱（672）
718	養老2	法興寺を平城に移し元興寺とする	大宝律令制定（701）
729	天平元	長屋王が元興寺大法会の司となる	平城遷都（710）
747	19	『元興寺伽藍縁起并流記資財帳』提出	
752	天平勝宝4	智光『般若心経述義』	東大寺大仏開眼（752）
757	天平宝字元	五重大塔が建立されたという	
770	神護景雲4	百万塔を小塔院に納める	
（770〜780）	宝亀年間	智光没、慶俊が食堂を造る	長岡遷都（784）
858	天安2	『元興寺縁起』（『仏本伝来記』）が書かれる	平安遷都（794）
990	正暦元	右大臣藤原実資が元興寺に詣でる	承平天慶の乱（935）
1023	治安3	藤原道長が七大寺を巡礼	
1058	康平元	元興寺僧都といわれた成源没	
1099	康和元	「智光曼荼羅」を藤原師通の法会に出す	白河院政始まる（1086）
1106	嘉承元	大江親通『七大寺日記』	平治の乱（1159）
1165	長寛3	慈俊『元興寺縁起』私勘文	
1180	治承4	平家により南都炎上、玉華院が焼亡	
1185	文治元	東大寺大仏開眼に元興寺僧が参加	平氏滅亡（1185）
1196	建久7	本元興寺が炎上	鎌倉幕府成立（1185）
1197	8	本元興寺焼跡から仏舎利出土	
1201	建仁元	宗実の柱刻寄進文	
1211	建暦元	玄恵の柱刻寄進文	
1222	貞応元	有慶の柱刻寄進文	承久の乱（1221）
1233	天福元	継春の柱刻寄進文	
1244	寛元2	極楽房を大改造する	
1273	文永10	小塔院旧蔵の釈迦如来像開眼供養	

（岩城隆利『元興寺の歴史』をもとに作成）

１３８１	康暦3	夫婦和合・夫婦離別祭文が作られる	鎌倉幕府滅亡（１３３３）
（１３９４～１４２８）	応永年間	極楽坊に太子堂を造立する	室町幕府成立（１３３６）
１４５１	宝徳3	土一揆で金堂・禅定院・智光曼荼羅焼亡	南北両朝合体（１３９２）
１４６６	寛正7	金堂に新造弥勒像が納められる	
１４７１	文明3	極楽坊で病死者のための百万遍念仏	
１４８１	13	一条兼良の納骨を極楽坊で行う	
１４９８	明応7	清賢が智光曼荼羅を転写	
（１５０４～２１）	永正年間	このころより極楽坊に板碑・石仏が増える	大仏殿炎上（１５６７）
１６３３	寛永10	極楽院・小塔院が西大寺末として届出	関ヶ原の戦（１６００）
１７４７	延享4	極楽院で行基・智光一千年忌が行われる	江戸幕府成立（１６０３）
１７９４	寛政6	元興寺伽藍絵図ができる	
１８５９	安政6	毘沙門町より出火、大塔・観音堂が全焼	王政復古（１８６７）
１８７２	明治5	境内に学校（奈良市立飛鳥小学校の前身）ができる	神仏分離令（１８６８）
１８８３	16	小学校が移転、真宗説教所となる	大日本帝国憲法（１８８９）
１９２７	昭和2	大塔跡が発掘調査される（昭和7年史跡となる） 華厳宗元興寺に水野圭真が入寺	真言律宗の認可（１８９５） 古社寺保存法制定（１８９７）
１９４３	18	辻村泰圓が極楽院に入寺、禅室の修理が始まる（のち中断）	
１９４８	23	極楽院禅室の修理が再開（～１９５１）	太平洋戦争敗戦（１９４５）
１９５１	26	極楽院本堂が解体修理（～１９５４）	日本国憲法（１９４６）
１９５５	30	極楽院を元興寺極楽坊の旧称に復する	文化財保護法（１９５０）
１９６５	40	小塔院跡が史跡に指定	宗教法人法（１９５１）
１９６７	42	元興寺仏教民俗資料研究所を設立	古都保存法（１９６６）
１９７７	52	元興寺極楽坊を元興寺と改称する	大阪万国博覧会（１９７０）
１９７８	53	元興寺仏教民俗資料研究所を財団法人元興寺文化財研究所に改称	
１９９１	平成3	元興寺千塔塚を毀し浮図田を作る	
１９９８	10	元興寺が「古都奈良の文化財」の一つとして世界遺産に登録される	阪神・淡路大震災（１９９５）
２０００	12	元興寺文化財研究所が文部大臣表彰を受ける	
２０１３	25	元興寺文化財研究所が公益財団法人に認定	東日本大震災（２０１１）
２０１８	30	元興寺文化財研究所が文化庁創立五十周年記念表彰を受ける	

執筆●辻村泰善（つじむら たいぜん）
真言律宗元興寺住職。
公益財団法人元興寺文化財研究所理事長。
狭川真一（さがわ しんいち）
副所長。専門は仏教考古学。
植田直見（うえだ なおみ）
嘱託研究員。専門は保存科学。
三宅徹誠（みやけ てつじょう）
文化財調査修理研究グループ研究員。専門は仏教文献学。
角南聡一郎（すなみ そういちろう）
文化財調査修理研究グループ総括研究員。専門は民俗学・物質文化研究。
佐藤亜聖（さとう あせい）
文化財調査修理研究グループ主任研究員。専門は歴史考古学。
村田裕介（むらた ゆうすけ）
文化財調査修理研究グループ研究員。専門は日本考古学。
イラスト●佐藤亜聖　畑中芙美（はたなか ふみ／P.86）
写真提供●井上博道　桑原英文　山本 剛
奈良県教育委員会　埼玉県教育委員会　株式会社便利堂

わかる！元興寺　元興寺公式ガイドブック　第2版

2014年11月7日　初版第1刷発行
2019年11月22日　第2版第1刷発行

編著者　宗教法人 元 興 寺
公益財団法人 元興寺文化財研究所
〒630-8392　奈良市中院町11番地
電話　0742-23-1376
FAX　0742-27-1179
発行者　中 西　良
発行所　株式会社ナカニシヤ出版
〒606-8161　京都市左京区一乗寺木ノ本町15番地
電話　075-723-0111
FAX　075-723-0095
振替口座　01030-0-13128
URL　http://www.nakanishiya.co.jp
E-mail　iihon-ippai@nakanishiya.co.jp

装丁・印刷・製本　ニューカラー写真印刷株式会社
ISBN978-4-7795-1419-7　C0015